神と人

池田邦吉

明窓出版

神と人

目次

第二章　人類創生

第三章　人間の魂

第四章　神々の働き

第五章　明日《あした》に向かって

はじめに

拙著『神様がいるぞ！』は、２０１２年に明窓出版より出版された。その原稿は２０１１年に書いた。これに続けて、『続・神様がいるぞ！』は２０１３年に出版された。そこに記した神々のことは、我国の古典、古事記、日本書紀等に書かれている神名を根拠にしている。

両著の出版から10年以上が経過し、この間、神界に大きな変化が生まれた。そのため、両著を書き直す必要が出てきた。さらに二冊を一冊の本にすることにした。『神様がいるぞ！』とその続編では、神々と私とが直に話している場面を多く書いたが、本書ではそれらの話を極力少なくした。また、ヒーリングを通じて、患者さんの魂の親神を調査していた過程で、ある神社に祀られているはずの神が、実際には存在していない等のことがわかってきた。

ヒーリングとは、前著『ヒーリング』等に記してきた、難病を治す手法のことである。この技術は患者の魂に触れることになるため、この魂の親神の許可が必要になる。

魂や神の存在について、「見えないものは無い」と考えている人々は、私が書いてきたヒーリングの技術を信じないので、私にヒーリングを申し込んでくることはなかった。したがって、問題は何も発生しなかった。

問題は、ヒーリングを申し込んできた患者のほうに発生していた。その患者さんの魂が、どの神様に属しているのか不明であるケースが時々あったのである。そんな場合、神が遠い銀河系で働いている、つまり地球外の神であることがわかってきた。古事記、日本書紀に登場していない神が存在しているということである。神名はわからない。

人間には必ずそこに魂が宿っている。その魂とは、神のエネルギーの一部分である。神という存在は、「意識エネルギー」としての存在であって、姿形は無い。姿形が見えないから、「見えない世界は無い」という考え方は間違っている。人間の精神は形がない。目に見えないから、人間には精神が無いと考える人はいるだろうか？

医学には「精神科」があり、精神科医がいる。つまり、人の目には見えなくても、「精神」があることを医学界は認めているのである。

精神があるのと同様に魂が存在しており、その魂は何度でも人間を体験している。それを輪廻転生という。英語では「リインカーネーション」という。そのような言葉が存在しているということは、英語圏の人々の中には、人間の魂が輪廻転生していることを知っている人々が居る、ということなのである。

ヒーリングを申し込んできた患者の中には、その魂が外国の神の分魂《わけみたま》であるケースが多数あった。例えば、ヨーロッパの神の分魂の人であったり、アメリカの神の分魂である人々などである。同じ日本人と見えても、その魂は全世界から来ていると考えなくてはならないことを知った。

その逆もある。つまり、日本に祀られている神々の分魂が外国にも多くいるということなのである。そこには国境が存在していない。神々には国境は存在しない。

神は意識エネルギーの存在であるから、その分魂、人間の魂も意識エネルギーとしての存在である。人間の魂は常にその親神と交信しており、人間の表面意識と関わりなく、その魂が本来行なわなくてはならない仕事をしている。そんな場合、宿っている人間が夜に眠っている間に、魂は幽体離脱して、その仕事をしている。

魂の親神が地球に居ない場合、その親神は地球の神のどなたかに守護を頼んでいるケースがある。ところが、その守護神が地球に居ないこともある。そういう人々は、地球に親神がいないだけでなく、守護神も居ないという事態で、何も知らずに人生を過ごしているということになる。

私は神々とテレパシーで常に交信している。これは生まれる前からの性格の一部のようなものである。守護神は出雲の大国主命である。親神は地球に居ない。いつも宇宙の中心に居て、一般的には「創造主」と呼ばれている初源の神である。

この神は普段、地球には居ないので、私の守護を大国主命に頼んでいた。私の魂には名前があるそうで、それは「天之御柱神《あめのみはしらのかみ》その2」という。天之御柱神その1は、本著に書いた天之御柱神のことである。

2023年8月22日記

池田邦吉

第一章　神々の世界

一ノ一　創造主

「創造主」という神の存在は、全世界に共通する概念である。拙著の読者には、お寺の住職を務めている方々もいる。その方々が、「池田さんの言っていることは、間違っていない。お釈迦様（２４５０年ほど前の人物）が生まれる前から人類は存在していたし、人類が生まれる前からこの地球はあった。この世は創造主が造った」と言う。

我国の古典「古事記、日本書紀他（以下記紀と略す）」には、多くの神々が登場している。その記紀の冒頭の文章は、以下のようである。

> 天地初発るの時《あめつちはじめてひらく》、高天原《たかまがはら》に成りませる神の名は天之御中零雷神《あめのみなかぬちのかみ》。次に高皇産霊神《たかみむすひのかみ》。次に神皇産霊神《かみむすひのかみ》。此三柱《このみはしら》の神は並独《みなひと》り神成坐《なりま》して、御身を隠し給ひき。

ここで「高天原」とは大宇宙空間のことを意味する。地上のどこかにある地名のことではない。次に、天之御中零雷神《あめのみなかぬちのかみ》と書いてあるところ、本来なら天之御中主神と「主」

という漢字を当てる。零（ヌ）は無限を意味し、雷（チ）は命のチでもあり、力のチでもある言霊《ことたま》である。この天之御中零雷神が創造主のことである。

次に高皇産霊《たかみむすひ》とは、光を集めて粒子のようにし、素子、電子、中性子、陽子などを造ったことを意味する。神名ではない。漢字を当てようとすれば、「顕実結光《たかみむすひ》」である。

神皇産霊《かみむすひ》とは電子、中性子、陽子等を結びつけて元素を造ったことを意味し、神名のことではない。漢字を当てれば「輝実結光《かみむすひ》」である。

この仕事は創造主が御一人で成し遂げたことを意味する。「独り神成坐《なりま》して」の意味である。「御身を隠し給ひき」の意味は、創造主がまだ物質的な形を持っていなかったことを意味する。神は意識としての存在なのである。

この古文を現代語に翻訳すれば、以下のようになる。


天と地とがまだ分かれていなかった頃、大宇宙には「天之御中零雷神（＝創造主）」がいた。この神は光を原料として、素子、電子、中性子、陽子等を造り、さらにそれらを集めて元素を造った。これらの仕事は創造主御一人で成し遂げた。その創造主はまだ形を持っておられず、意識体としての存在であった。

この古文の続きは次のようである。

次に天地《あめつち》初めて判《わか》る時、一物虚中《ひとつのものそらなか》に生《な》れり。状葦牙《かたちあしかひ》の萌騰《もえあが》る如し。之《これ》に因《より》て化《な》りませる神の名は、可美天日牙霊神《うましあしかひのかみ》。次に霊凝雷神《ひこちのかみ》。

ここで可美天日牙霊《うましあしかひ》とは、電子、中性子、陽子、元素等から分子ができたことを意味している。次に霊凝雷《ひこち》とは、物質になる前のガス体を集め、圧縮凝縮することを意味し、神名ではない。この仕事も創造主が御一人で成し遂げた。記紀の話はさらに続く。

次に天之常立神《あめのとこたちのかみ》。此三柱《このみはしら》の神も亦独《またひと》り神成《かみな》りまして、御身《みみ》を隠し給《たま》ひき。次に天地未《あめつちいま》だ成《な》らず、海上に浮かべる雲の根係《かか》る所なきが如くして、其《その》中に化《な》りませる神の名は國狭津雷神《くにさつちのかみ》。次に國狭立神《くにさたちのかみ》。この二柱も亦独り神にして、御身を隠したまひき。
上之件八柱神《かみのくだりやはしらのかみ》は別天津神《ことあまつかみ》。

天之常立《あめのとこたち》というのは銀河を造る元となった原素をうず巻状に集めたときの状態をいう。気体としてできた水素他の原素を星雲のように集めたのである。

國狭津雷神は集まってきた気体原素をさらに収縮凝結《しゅうしゅくぎょうけつ》させたときの状態をいう。

ここで常立《とこたち》の「常」という漢字の当て字は適切ではなく、「床」であると神が言ってきた。すなわち、「天之床立神」となる。この神は、銀河系を造るために創造主が初めて分神を造ったときの神名である。銀河系は全宇宙に膨大に存在しているので、天之床立神も多くの兄弟が存在している。我が太陽系が含まれる天之川系銀河の神も、この天之床立神のお一人である。

國狭津雷神という神はいない。天之床立神の仕事の一つである。同様に國狭立神という神もいない。國狭立《くにさたち》とは、星雲天が収縮凝結する過程において多くの銀河系に分離していった過程を示している。

以上、いまだに天と地が分かれていないときの話であり、創造主が銀河系をどうやって作ってきたかというその全プロセスを示しているところである。天と地が分かれていなかったときの話であるから、恒星も惑星もまだ生まれていなかった頃、いわば原始宇宙の一件である。

したがって、生命もまだ存在していなかったのであるから、人間の原型すら作られていなかったのである。つまり、神が人型になっていない頃の話である。

古事記、日本書紀を編集した方は、このときすでに、伝えられてきた話が何のことか理解できなかったらしい。奈良時代のことである。創造主がこの世を作ってきた全プロセスについて理解できないまま、いちいち、何々の神と神の名をつけ、しかも人間の形を当てはめて物語を書いてしまったのである。それ以降の人々が間違えて解釈するのはあたりまえというわけである。

> 次に國稚《くにわか》く浮脂《うくあぶら》の如くして、空中に海月《くらげ》なす漂《ただよ》へる時に、化《な》りませる神の名は國之常立神《くにのとこたちのかみ》。次に豊雲野神《とよくもぬのかみ》。此《この》二柱も亦独り神にして、御身を隠したまひき。

ここで國之常立神という当て字のうち、「常」は「床」とすべきで、国之床立神となる。国之床立神は天之床立神の分神で、銀河系の中で恒星や惑星を造った神である。天之床立神が宇宙全体で御自身の兄弟神が多数いるように、国之床立神も銀河系の中に多くの兄弟神がいる。国之底立神は、国之床立神と同じ。

豊雲野神という神は、存在していない。銀河系を遠くから見ると、大きな雲のように見えるという意味である。

（創造主）　　　　（銀河系を造った神）（星を造った神）
＝　　　　　　　　＝　　　　　　　　＝
天之御中零雷神　→　天之床立神　→　国之床立神

神は意識体（エネルギーの状態）であって、自らのエネルギーを分けて分神を造り出す。国之床立神は創造主からすると、孫神ということになる。

ここで記紀等の古典の話から、ちょっと離れることにする。

国之床立神が星を造るために集めた材料の状態は、超高温のガス体で、それらは時間の経過と共に超高温の液体と気体になり、さらに時間の経過と共に全体が冷えてくると、高温の雨が中心に向かって降り注いだ。高温のマグマの表面は固まり、岩盤に変化していった。やがて雨が降り止むと、地球は水深7〜8千メートルの海の惑星となった。以下は国之床立神の話である。

今からおよそ40億年前、国之床立神は海底にある岩盤（プレート）を海上に持ち上げることを考えた。そこで御自身も含めて宇宙から十八神を集めて会議を行なった。この十八神は宇宙のあちこちにいる国之床立神の兄弟神であったが、中にお一人だけ兄弟神とは異なる神がいた。その神名は「つぬくしひの神」という。この神名の「つぬくひ」のそれぞれの言魂《ことたま》は次のようである。

津零奇霊神《つぬくしひのかみ》

「つ」は包む、集う、創る等の「つ」を表し、物をまとめ次々にその形を変えて次なる新たな生命を興させるという意味の言魂である。

「ぬ」は天之御中零雷神の「ぬ」と同じで「無限の」という意味。
「く」は奇跡的なという意味で奇を意味し「ひ」は霊でエネルギー体のことである。
したがって漢字を当てはめるとすれば津零奇霊となるであろう。これは何も私の考えたことではなく、このことについて荒深道斉先生は著書でそのように書いている。つまり、角神と書くより津零奇霊神と書いたほうがよいというわけである。生命の祖たる単細胞を作ったのであり、その中にDNAが存在していることは現代の科学が明らかにしている。

よって、津零奇霊神とはDNAの設計者であって、そのDNA、すなわち遺伝子をたんぱく質等で包み、さらにそれが自動的に増えるようにした。まさに奇跡的事業を最初になした神なのである。その時代はまだ陸地がなくて海は煮えたぎっており、空気は今のような状態ではなく亜硫酸の海と大気があった。そんな環境の中に、後に植物や虫類の元となる細胞を作り出した神がいた。

読売新聞朝刊（2004年3月22日）の一面に、「地球最初の生命」に近い細菌群を発見したという記事が載った。しかもそれは化石ではなく、生きたまま見つかったという。発見者は日本の潜水調査船「しんかい６５００」で、その場所はインド洋の水深２５００ｍの深海底であった。しかも３００℃以上の熱水が噴出している海底火口からの採取であった。

通常、生命体は高温下では生きられないと思われていたが、北米のイエロー・ストーン国立公園にある火口内にバクテリアが生きていることが発見されたり、太平洋の光が届かないほどの深海海底火山の熱水孔に、厖大な数のカニ類や貝類が生きていることが発見されたりして、それまでの常識が覆されている。２面には「原始生命」について、次のように解説記事が載っていた。

地球誕生後、酸素もない極限環境下で初めて生まれた生命。約38億年前、多量のアミノ酸を含んだスープ状の海の中で誕生した。炭素や硫化水素、水素、二酸化炭素などを栄養にしていた微生物と考えられている。

当時、地上や浅海部には大量の紫外線や宇宙線が降り注ぎ、生命が住める環境ではなかった。このため、原初の微生物は今回、海洋科学技術センターなどがインド洋で発見した細菌郡のように、海底火山の噴火口など、光の届かない深海の高温環境下で生息していたとみられている。

原始細菌（バクテリア）は、普通の細菌とは異なり核を持たず、細菌膜の中に最低限の遺伝情報だけを有する単純な構造をしていた。

最低限の遺伝情報というのは原初の生命体のＤＮＡを示しているのであろう。イザナギ、イザナミの神がこの地球の生成発展のため担当することが決まったときの会議よりずっと前、つまり原初地球にはすでに、その後の生命を形造る元となる単細胞のバクテリアが出現していたという話なのである。それを造ったのが、ツヌクシヒの神というわけである。生命の元となるＤＮＡの設計者である。

この時代、生命はバクテリアの形をしていたわけで、植物も動物も存在していない。ましてや高等生物たる人間の形は存在していない。神はエネルギーの塊《かたまり》のままで、それは光の存在であった。だから古神道では「霊《ひ》」という。日、火、光、陽という漢字を当てはめるけれども、全てはエネルギーの元を意味している。

神は意識体のままだった。その意識のエネルギーによって、ＤＮＡを設計し、形にして、その周囲をゼラチン質の物質で包んだ。すると、それは自ら増殖（細胞分裂）を始めたのである。海流に運ばれ、海上に漂っているうちに複数の細胞はくっついて、より大きな生命へと進化していったと考えられる。まさに偉大なる神である。津零奇霊神は、DNAと細胞を創った偉大なる神である。

この津零奇霊神は、創造主が生命体を造ってみようと考えたときに生まれた神で、創造主の分神である。この神も天之床立神と同様、宇宙全体に多くの兄弟神がいる。が、銀河系の中に惑星が生まれた時点で造られた神である。地球ができ上がる以前に、天之川系銀河以外の銀河ですでに、惑星ができていたと考えられる。

一ノ二　国之床立神

40億年前の話に戻る。海底にある岩盤を海面上に持ち上げるプロジェクトを行なう直前に、国之床立神は分神を造った。この分神は地球を専門とする初めての神である、いざな気実神であるが、いざな気実神は海面より上の部分、つまり大気を造る神、いざな気神と、岩盤の内部より下を担当する神、いざな実神とに分かれて仕事をすることにした。記紀他の古文献ではいざな気神といざな実神が結婚して子を作ったという話が書かれているが、40億年前、生命のオスとメスとの区別はまだなく、バクテリアがいただけである。いざな気といざな実は実は元一つで、仕事を分担するために二手に分かれたのである。記紀他、誤記が多い。

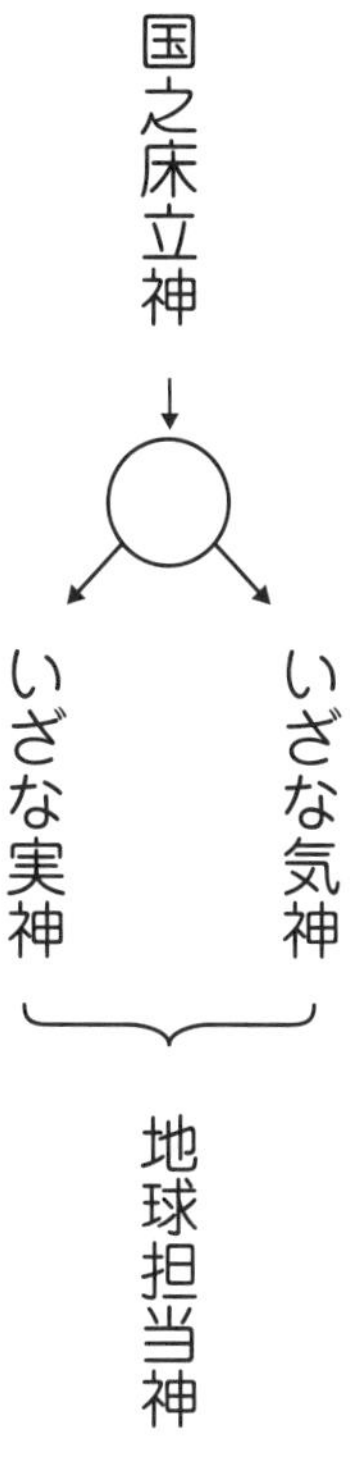

やがて、海底の岩盤の一部が海面上に姿を現した。それは小さな島で、「おのころ島」と国之床立神が言っている。これは火山の火口部分で、世界最初の「おのころ島」は現在の淡路島である。今の淡路島はとても火山とは思えないが、現地に行くと島のあちこちに天然温泉が湧き出ているので、元は火山島であったとわかる。

ここで国之床立神は自分の分神を生み出した。ほすせりの神、火明《ほあか》りの神、火火出見《ほほでみ》の神と、火山の三兄弟のことである。この火山の三神は現代においても世界中で活躍しており、つまり火山を作り続けている。例えば、ハワイのキラウエア火山の担当は火火出見神である。

「おのころ島」ができた後、神々はその周辺に次々と火山島を造っていった。現在の近畿地方、四国、中国地方、九州の原形ができたのは、プロジェクト発足以来、1千万年かかったと国之床立神が言っている。つまり、今からおよそ39億9千万年前に、西日本の骨格ができ上がった。このとき、いざな気神が山々を見て廻り、最後に日向（今の宮崎県）の岬に立って、

「これからどうしようか」と考えていると、厚い灰色の雲間が開き、そこから太陽の光が海面に差し込んだ。その光の束、つまり、光の柱から神が現れ、いざな気神に話しかけた。その神は「天之御柱神《あめのみはしらのかみ》」といい、創造主が地球に差し向けた神であった。天之御柱神はいざな気神に創造主の考えを伝えた。そのため天之御柱神のことを「次代見神《つぎよみのかみ》」と称す人もいる。「月讀神《つきよみのかみ》」という神はいない。また、月の神もいない。現在我々が見ている月は、太古にはまだ存在していなかった。

天之御柱神はいざな気神に、

「陸地を造り続けるように」と伝え、これに関連して「地球を照らす神」と「大地を造り続ける神」の二神を生み成すようにアドバイスした。そこでいざな気神は、天照皇大御神《あまてらすすめおおみかみ》とすさのうの神の二神を生み成した。

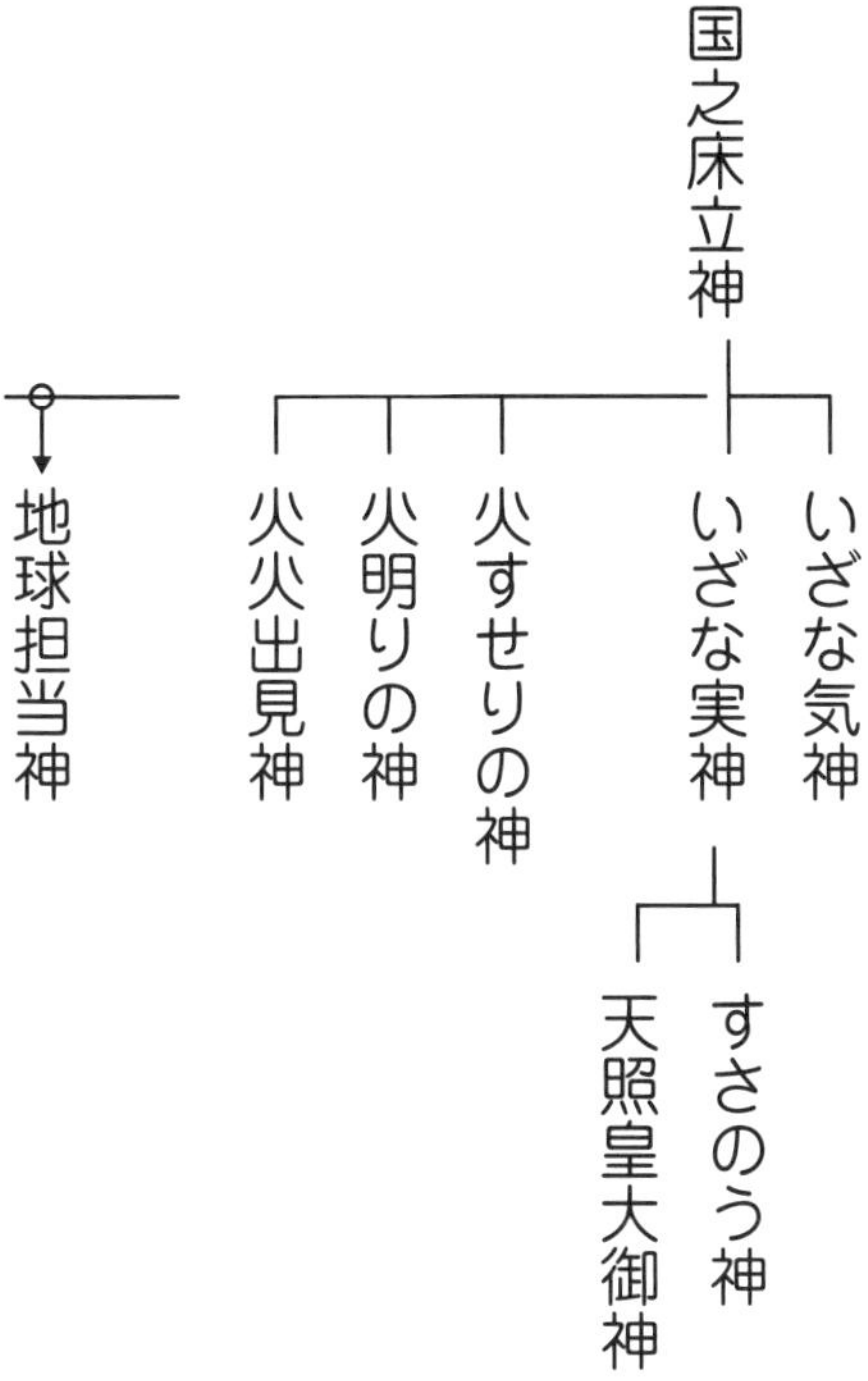

火山ができるとき、マグマが上昇してくる。やがて岩盤の中にマグマ上昇の道ができ

る。これが大戸之道《おおとのじ》で、大戸之道神という神はいない。ほすせりの神の仕事のことである。火山が地上にでき上がると、その頂上（火口）からマグマが流れ出て、四方八方に落ちていく。火山の裾野が広がり、ピラミッド形に成っていく、このプロセスを大戸之辺《おおとのべ》という。つまり、大戸之辺神という神は存在していない。

大戸之道、大戸之辺は火山の神が山を造っていくプロセスを述べている言霊《ことたま》である。山は火山として生まれないこともある。つまり、マグマ道（大戸之道）ができず、マグマの上昇圧力だけで岩盤が海上に姿を見せるときもある。こんな場合は、かなり広範囲に山々ができることになり、山脈を形成する。古代の山脈は数億年という年を経て風化し、頂上は削られ、やがてなだらかな山々へと変貌していくことになる。

使命を果たした天之御柱神は、地球の状況を報告するために、いったん、創造主の下へ戻った。

一方、「すさのうの神」は国之床立神のプロジェクトに参加し、大陸を造る仕事を続けた。

最初にできた大陸は、現在見えている、アジア大陸、インド大陸、アフリカ大陸、オーストラリア大陸、南極大陸等を合わせた一つの大きな大陸として生まれた。パンゲア大陸という。このパンゲア大陸はなかなか安定せず、いくつかの大陸に分かれていった。

このとき、国之床立神は御自身の分神を造った。

つつの神

地球の深部に高温のマグマがある。このマグマを包み込むように岩盤（プレート）がある。その岩盤は元々マグマで、マグマが冷えて固まった物である。元は一枚であったが、国之床立神たちがその一部分を海面上に持ち上げた。海面上にある岩盤と、まだ海底にある岩盤とに分かれた。すさのうの神がパンゲア大陸を造った頃、岩盤は大陸の岩盤と海底の岩盤と、その両方に挟まれた岩盤との三種に分かれた。そこで、国之床立神は上筒之男神《うわつつのおのかみ》、中筒之男神《なかつつのおのかみ》、底筒之男神《そこつつのおのかみ》の三神を造り出した。

上筒之男神は海面より上にある大陸を担当し、中筒之男神は海面より上の大陸と海底の岩盤とに挟まれている岩盤を担当し、底筒之男神は海底の岩盤を担当する神である。

ここで、「筒」という漢字を当てているが、本当は「包」であると私は思う。マグマを包む幕のような役割であるから。

ここまでで、国之床立神は御自身の分神を八神造り出している。この八神は地球を担当する神々である。

ひるこの神

話は39億9千万年ほど前に戻る。日本の西側半分がその骨格を見せ始めた頃の話である。いざな気、いざな実の神が結婚して子を造り、その子は「ひるこの神」であった、と古典に書いてある。この時代、津零奇霊神が造ったバクテリアが深海底にいたが、オスとメスとの区別を持った生命体はまだ存在していない。神同士の結婚という話はありえない。したがって、「結婚」による子の誕生という話はありえない。そこで「ひるこ」の言霊《ことたま》を見ることにする。

「ひ」は日、火、陽のようにエネルギーのことである。

「る」は命の素を集め固めるという意味。

「こ」は凝るの「こ」で固めるという意味。

したがって、「ひるこの神」とは生命の元たるエネルギー、生命素を集め、固める神という意味になる。そこで「ひるこの神」に話を聞くことにした。その話によると、「ひるこの神」の親神は津零奇霊神であるという。

いざな気、いざな実の神たちが最初のおのころ島を造ったときに、同時に遠浅の海ができた。そこで津零奇霊神は「ひるこの神」を分神として造り出し、この神に遠浅の海岸に住める生命体を造り出すように指示した。

「ひるこの神」はストロマトライトを造った。ストロマトライトは今でもオーストラリア大陸にあるハメルーンプール、つまりシャーク湾に生息している生命体である。

ストロマトライトは一見すると珊瑚の一種かと思えるが、実際は藻類であって、太陽の光を利用して炭酸同化作用を行ない、酸素を作り出す植物なのである。植物ではあるが、海中に溶けている鉄分を自分の廻りに取り込むため、非常に固い岩のようになる。

日本の製鉄会社は、オーストラリア大陸にある鉄鉱床からその原料を持って来ているのだが、その鉄鉱床はストロマトライトが40億年もかけて作り出したものなのである。

その鉄鉱床は数千メートルの厚みにまでなっているところがある。

太古、遠浅の海で、ストロマトライトにより酸素が空気中にでき上がっていった。さらに数十億年後、大気中に酸素が充満すると、酸素呼吸をする生命体がいっせいに誕生した。植物や虫類、動物がものすごい勢いで増えていった。

それは、生物にとって劇的な変化であった。やがて大型動物が神によって作られていった。ひるこの神は現代では、エビス様の名で人々に親しまれるようになった。七福神の一神である。

創造主 → 津零奇霊神《つぬくしひのかみ》 → ひるこの神（エビス様）
創造主 → 天之御柱神

天之御柱神が言うには、津零奇霊神とひるこの神の働きがなければ、後の生命体は造ることができなかった。それほど重要な働きをこの二神が成し遂げたのだが、生命体を造る仕事は今でも地球上で行なわれている。つまり、植物を造る仕事であるが、これは地上ができ上がっていったプロセスと関係がある。

例えば、地上は最初、苔《こけ》に被われ、次にシダ類ができ、草が生え、木ができたというようにである。その一つひとつに津零奇霊神が関わっており、木の神や木之花咲耶姫《このはなさくやひめ》等多くの神々を生み成している。

一ノ三　いざな気神

いざな気神

- 国之闇戸神……雲の神
- 国之狭霧神
- 闇水発女神《くらみつはのめかみ》……雨の神
- 国之狭土神……土の神
- 沖之渚彦神
- 大山津見神……山の神

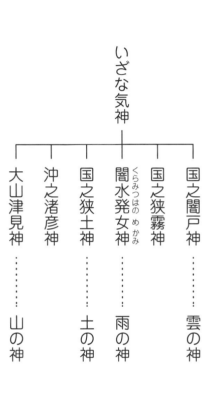

「ワシはな、土地を造ることを仕事として生まれたので、その目的のためにまず、『山の神』を造った。大山津見神《おおやまつみのかみ》という。

次に、雲の神（国之闇戸神《くにのくらとのかみ》）、霧《きり》の神（国之狭霧神《くにのさぎりのかみ》）、雨の神（闇水発女神《くらみつはのめがみ》）を造った。

陸地に雨が降ると、岩盤が洗われ、岩が石となり、さらに土と化す。

そこで土の神（国之狭土神《くにのさつちのかみ》）を造った。陸とその沖にできた島とを結ぶため沖之渚彦《おきのなぎさひこの》神《かみ》を造った」と神は言った。

大山津見神はさらに分神を造り出した。大山杭神《おおやまくいのかみ》と野の神である。

一方、いざな気神の相棒たるいざな実神は、金山彦神《かなやまひこのかみ》と火之迦具土神《ひのかぐつちのかみ》、さらに雷神の三神を生み成した。金山彦神は文字通り、金山のことである。火之迦具土神は鉱山の神のことである。

いざな実神
- 金山彦命
- 火の迦具土の神
- 雷神

記紀他に埿土煮神《うひぢにのかみ》という神名が登場しているが、埿は土が水を含むとできる状態のことを示しており、神名ではない。土の属性というべきである。記紀には登場するが、沙土煮神《すいじにのかみ》という神もいない。これは砂のことである。いざな気神は砂の神を造っていない。

マグマには重金属類が多量に含まれているが、これらは液体の状態になっている。火山が造られるときにマグマが上昇し、そこにマグマの道ができるが、その周囲が冷やされてくると重金属類が岩のように固まってくる。それらの岩が長い年月を経て陸地の表面に現れてくる場合がある。岩はやがて石となり、砂のような状態になる。あるいは土のようになる。これらの全プロセスを造っているのが、「火之迦具土神」の仕事である。いざな実の神は、地球の深部を担当した神なので、陸地の表面にもその影響を及ぼしている。雷も陸地があってこそ起こる現象である。

面足神《おもたるのかみ》

ここで創造主は、地球に面足神を派遣した。面足神は真水を創る神である。

この神は惑星に陸地ができるとその仕事をする神で、40億年前に国之床立神たちが始めた会議のときには、まだ地球に来ていなかった。天之床立神の兄弟たちが銀河系に大勢いるように、面足神も宇宙にある多くの惑星にその兄弟神が存在している。面足神は白山姫神（雪の神）と水発《みつは》の女神（泉の神）、瀬織津姫神《せおりつひめのかみ》（川の神）と、三神を造り出した。ここで姫というのは、「ひ」は日、火、陽のようにエネルギーを示す言霊《ことたま》で、「め」は芽でエネルギーを集めて、他の物質に変える神の仕事のことである。つまり女神を意味していない。

陸上に生命体を生み出すためには、どうしても真水が必要なのである。

創造主
↓
面足神
- 白山姫神……雪の神
- 水発の女神……泉の神
- 瀬織津姫神……川の神

陸上に真水ができると津零奇霊神は苔《こけ》を造った。この仕事は、神阿多都姫神《かんあたつひめのかみ》という分神を生み出して、この分神の専門とした。その一方で、津零奇霊神は遠浅の海に海苔《のり》を造った。

陸上の岩や土が苔に被われると、次はシダ類が造られた。このシダ類は現在我々が見ているものとは違って、極めて大きなシダである。このシダ類を作る専門の神として、津零奇霊神は「くくのちの神」を分神として造り出した。その一方、津零奇霊神は海面下にわかめやコンブを造り出した。

津零奇霊神はシダ類の他に、草類を地上に造り出した。

創造主 → 津零奇霊神
- ひるこの神（エビス神）
- 神阿多都姫神
- くくのちの神

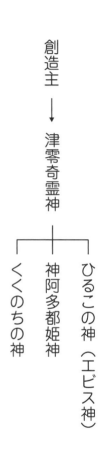

一方、創造主は宇宙の中心に戻っていた天之御柱神に、再び地球における仕事を指示した。その仕事とは、動物を作る仕事であった。天之御柱神が地球に出発する直前に、創造主は、天之御柱神の意識体の一部を御自身のそばに置いた。つまり、天之御柱神は二手に分かれたのである。

再び地球に戻ったほうの天之御柱神は、初め、海中に動物を造った。例えばアンモナイト等である。次に魚類を造った。このときの神の名は「大綿津身神《おおわたつみのかみ》」という。綿津身とは「やわらかい身」という意味である。やがて大綿津身神は、浅瀬に住む魚類と深海魚とその中間の深さに住む魚類とを専門に造る三神を、分神として生み出した。上津綿《うわつわた》津身神《つみのかみ》、中津綿津身神《なかつわたつみのかみ》、底津綿津身神《そこつわたつみのかみ》の三神である。天之御柱神はさらに海の神を造った。豊玉姫神《とよたまひめのかみ》である。ここで、「天之鏡神《あめのかがみのかみ》」「沫波神《あわなみのかみ》」「塩土神《しおつちのかみ》」という神はいない。これは豊玉姫神の仕事の一部分の話である。

一方で天之御柱神は、地上を這い回る虫類を造った。この仕事は、「飽食《あきくい》の虫《むし》の神」という分神を造り出して、この神の専門の仕事とした。飽食の虫の神は、地上の苔《こけ》や草を食料とした。

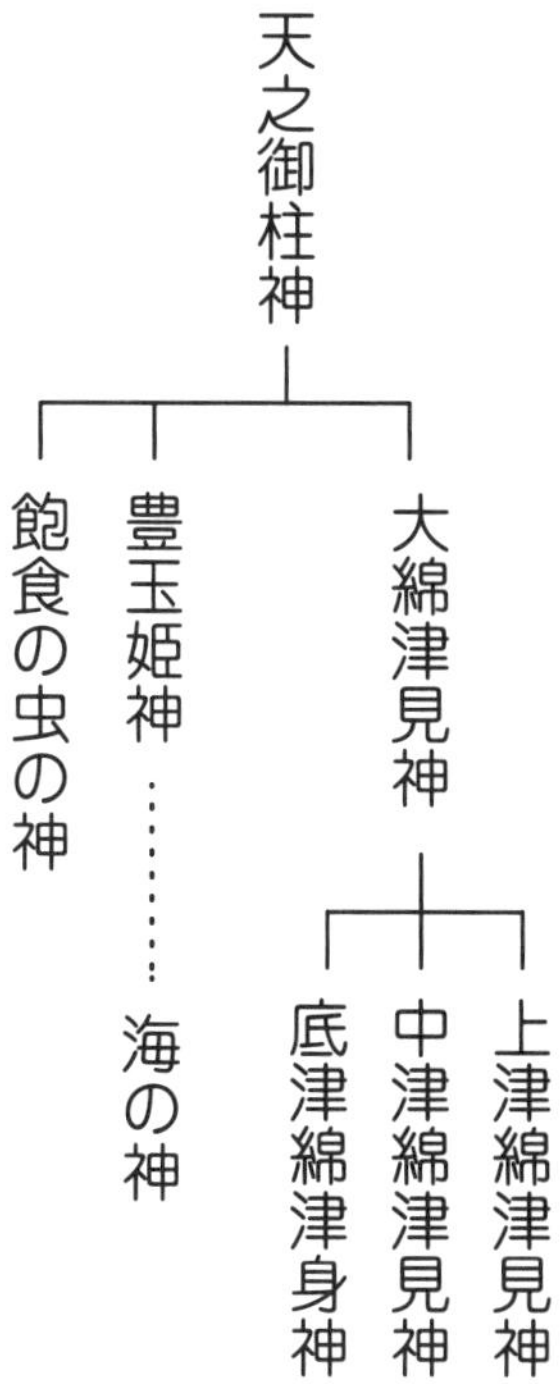

大型のシダ類や草類に被われていた地上の風景は、やがて木々が生い茂る森林の風景へと変化していった。津零奇霊神の分神「くくのちの神」は、「木の神」と神名が変わった。また、神阿多津姫神は他の宇宙にある銀河系内の惑星へと、その仕事場を変えた。苔を造るためである。

代わって、木花咲耶姫神を津零奇霊神が分神として造った。裸子植物を造った神である。木の神は木花咲耶姫神を「妹」と言う。

神阿多津姫神は仕事場を他の宇宙の惑星に変えたが、定期的に地球を訪れている。一年に一度ほどだ。そんなときは木花咲耶姫神のいる所へと来る。

ここで、津零奇霊神には相棒がいることを紹介しておこう。「活奇霊神《いくくひのかみ》」という。活奇霊神は植物の葉や実を発酵させる発酵菌を造った神で、現代では「お酒」の神なのである。酒造業者たちは、このことを知らないだろうが。

吾屋《あや》惶根神《かしこねのかみ》

天之御柱神は動物を作ろうと「吾屋惶根神」という分神を造り出した。吾屋惶根神は爬虫類を造ってみた。するとこの爬虫類の中に、非常に巨大な形に育っていった動物が現れた。恐竜である。恐竜は草食性の動物や肉食の動物になった。吾屋惶根神が造った恐竜たちは、大戸まといの神と古典に書かれているが、これは岩のような衣をまとっているという意味で、恐竜の形容であり、神名ではない。つまり「大戸まといの神」はいない。

吾屋惶根神は次に、鳥類を造った。空を飛ぶ鳥であるが、体が大きくなりすぎて、空を飛べない鳥たちもいた。

次に吾屋惶根神は哺乳類を造った。これもねずみのような小動物から、ぞうのように巨大な哺乳類まで、多くの種を造っていった。


数億年前、巨大な隕石が地球に衝突し、地球に大穴を開けた。陸上の岩盤の様子が大きく変化した。このとき、巨大な恐竜たちは絶滅したが、小型の爬虫類（ヘビやトカゲ等）は生き延び、鳥や哺乳類も生き延びることができた。それらはその後の地球の変化にも適応していった。隕石衝突により、地球軸が変化した。つまり、南北軸の位置が変化した。

大陸はアジア大陸、インド大陸、アフリカ大陸、オーストラリア大陸等に分かれ、漂っていた。この時期、南北アメリカ大陸はまだ存在していなかった。動物たちは各大陸に分かれ、その大陸ごとに適応していった。「進化」というより「適応」という表現のほうが適切と思える。変種が生まれていった。

一ノ四　天照皇大御神《あまてらすすめおおみかみ》

39億9千万年前、いざな気神の分神として生まれた神で、古代では「大日流芽零雷神《おおひるめぬちのかみ》」といった。あらゆる生命体に命として生きるための光を与える神という意味である。後に天照皇大御神といわれるようになった。木の神は、「天照皇大御神の働きがなければ、我々は生命体の一つも造ることはできなかった」と、その存在を最大限に評価している。

今からおよそ1億年ほど前、創造主はいざな気神と天照皇大御神（親子の関係にある）との仕事を、非常に高く評価し、この二神を宇宙の中心に連れて行った。創造主が普段いる場所である。いざな気神と天照皇大御神は創造主がしている仕事を見て、神としての修業を行なった。神業という。

今から数千万年前、いざな気神は「地球がどうなっているのだろうか」と気になってきた。そこでとりあえず、いざな気神が地球を見に行くことになった。

いざな気神が地球に近づくと、大気は灰の雲となり、外界の様子は全く見ることができなかった。そこでいざな気神は地球のはるか上空に「高御座《たかみくら》」を造り、そこから地球を見ることにした。高御座とは神界の空間のことであって、物理的な建造物のようなものではない。神々だけが認識できる空間である。

宇宙の中心に創造主といっしょにいた天照皇大御神は、いざな気神が戻ってくることを待ち続けていたが、いつまで経ってもいざな気神が帰ってこなかった。そこで天照皇大御神は地球に行くことにした。天照皇大御神が地球に近づくと、高御蔵にいざな気神がいるのを発見した。天照皇大御神がその高御蔵に入ると、いざな気神と出会うことができた。

「地球の大気が灰雲で曇っていて、下界の様子がどうなっているのかわからない」といざな気神が天照皇大御神に言った。

そこで、天照皇大御神は下界で働いている神々を高御蔵に呼び出し、下界の出来ごとを聞き出すことにした。

「ワシはなぁ、女装などしなかったぞ〜」と天照皇大御神が言った。

「会議をするために、すさのうたちを呼び出したのだ」と話が続く。

「天之岩戸なぞ存在しないぞ。その話は人間が作ったお伽話でなぁ。天之岩戸なんて存在していないのだから、天之うずめの命《みこと》なる神も存在していないし、手力男神《たぢからおのかみ》も存在していないよ」と天照皇大御神は不機嫌そうに私に話をした。

このときの高御蔵における神々の会議に、天之御柱神も参加していた。会議をしているうちに日本列島がまだ西半分しかできておらず、東半分と北海道を造らないとならないことが発議された。

そこで、天之御柱神が自らの分神を造り、この神に東半分の日本を造ることを決めた。このとき造られた神は、八嶋地生神《やしまぢぬみのかみ》という。

八嶋地生神は今からおよそ１８００万年ほど前に生まれている。

八嶋地生神《やじまぢぬみのかみ》

記紀他の文献では、月讀神《つきよみのかみ》が分神を作った。その分神が八嶋地生神であると書かれている。しかし、「月讀神」は「次世見神」のことで、しかも天之御柱神の別名であると本章の第二節で書いた通りである。

八嶋地生神は地上に降り、西日本を造り始めた。その作業の過程を高御蔵にいる天照皇大御神に報告するため、八嶋地生神は自らの分神を造った。その名は「下照姫神《したてるひめのかみ》」という。下照姫神は地上と高御蔵を往復し、刻々と変わる地上の様子を天照皇大御神に報告し続けた。

一方、天照皇大御神は地上の様子を見るために四神を造り出した。多紀理姫神《たぎりひめのかみ》、たぎつ姫神、市杵嶋姫神《いちきしまひめのかみ》、天之忍穂耳神《あめのおしほみみのかみ》である。

このうちの三神、多紀理姫神、たぎつ姫神、市杵嶋姫神は煮えたぎる島々の下界に降り、刻々と変化する地上の様子を高御蔵にいる天照皇大御神に報告していった。その一方で、天之忍穂耳神は高御蔵に置いたまま地上には降ろさなかった。

天照皇大御神は初めて四神を分神として造り出したが、御自身は高御蔵にいて地上には降りなかった。

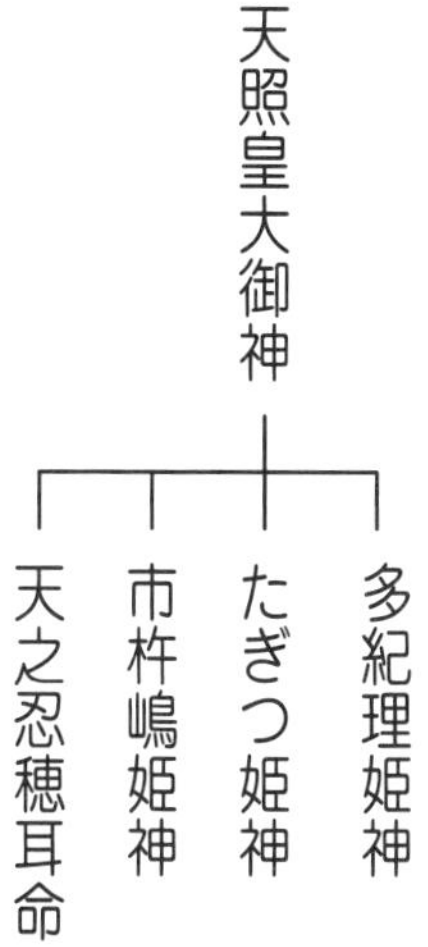

八嶋地生神が東日本他を造るについては、国之床立神やその分神たち、いざな気神といざな実神の分神たちが協力した。このとき、大気は灰で濁り、海は煮えたぎり、大津波が島々を洗った。高御蔵から下界の様子はますます見えにくくなっていった。

「ふわのもずくぬしの神」なんていう神はいないぞ、と八嶋地生神が言う。地上と海、空気が荒れた様子を「ふわのもずくぬす」という言葉が表しているのだそうである。

「東日本と東北地方、北海道の骨格を造るのに、およそ1千万年かかった」と八嶋地生神が言った。

「その後、この骨格を元に土地を整えるため四神を生み成した」と八嶋地生神が話を続けた。その四神とは、大国主命、大国御魂神《おおくにみたまのかみ》、大那牟遅神《おおなむちのかみ》、葦原許男神《あしはらのしこおのかみ》である。

四神が土地を仕上げにかかったのを見て、八嶋地生神は、「自分の仕事は終わった」として、高御蔵に入った。このとき、下照姫神も高御蔵に入った。

八嶋地生神が四神を生み成して引退したので、天照皇大御神はその四神と対応する神を新たに造り出した。天之菩霊《あめのほひ》の命《みこと》、天之日子根の命、活津日子根《いくつひこね》の命、熊野奇霊《くまのくしひ》の命の四神である。このうち「天之日子根の命」は、ずっと後になって自らの神名を「にぎ

天之御柱神
↓
八嶋地生神

- 大国主命
- 大国御魂神
- 大那牟遅神
- 葦原許男神

はや日の命」と改名した。「天之日子根」では、少々地味すぎるというのである。

天照皇大御神は、この四神を地上に降ろしたが、最初の分神「天之忍穂耳命」はあいかわらず自分の手元に置いたままでいた。先に造った三姫神は、八嶋地生神の引退後も以前からの仕事を続けた。つまり、高御蔵にいる天照皇大御神への報告役は七神となった。

天照皇大御神

- 天之菩霊の命
- 天之日子根命（にぎはや日）
- 活津日子根の命
- 熊野奇霊の命

すくなひこなの神

八嶋地生神が引退したことを知った創造主は大国主命たち四神に顧問役を付けた。その神は「すくなひこなの神」という。大国主命たちは日本の国の半分を造るために生まれ出ており、宇宙にある他の銀河系や、そこにある惑星の事情は知らされていなかったので、その諸事情を知っている神を地上に降ろしたのである。「おわん」に乗って箸《はし》で

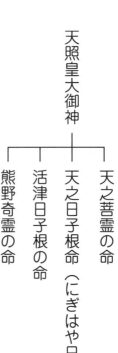

こいで来たのではなく、大きな意識エネルギー体で大国主命の上に来た。

今からおよそ400万年ほど前、大国主命は日本列島の完成を急ぐため、自らの分神を造った。建御名方神《たけみなかたのかみ》という。同じ目的で大那牟遅神《おおなむちのかみ》は三神を生み出した。事代主神《ことしろぬしのかみ》、八千矛神《やちほこのかみ》、阿遅鉏高日子根神《あじすきたかひこねのかみ》である。

その頃、高御蔵では天之忍穂耳命が分神を生み成した。天照皇大御神の孫ということになる。「ににぎの命」という。天照皇大御神の孫なので、「天孫ににぎの命」といわれるようになった。天照皇大御神はこの孫を見て、大変優れた素質を持っていることを発見し、宇宙の中心にいる創造主の元へ連れて行った。ににぎの命はそこで神業を続けた。

そのににぎの命が、地球に降りることになった。このプロジェクトは、「天孫降臨」という。

「天孫降臨」にあたり、天照皇大御神は天之忍穂耳命も下界に降ろすことにした。さらに御自身の分神を造り出した。天之児屋根の命《あめのこやねのみこと》、建雷之男神《たけみかづちのおのかみ》、経津零雷神《ふつぬちのかみ》の三神である。

この三神は、ににぎの命の護衛神として生まれた神である。このとき、創造主は天照皇大御神の顧問役として、御自身の分神を造り出した。「常世思兼神《とこよおもいかねのかみ》」という。この「常」

という漢字は「床」とすると「床世思兼神」となり、地上の世を思う神という意味ではなかろうかと思える。つまり、創造主は大国主命たちに「すくなひこなの神」を顧問役として付け、その一方で天照皇大御神には「床世思兼神」という顧問役を付けたということになる。

創造主
- すくなひこなの神
- 床世思兼神《とこよおもいかねのかみ》

天照皇大御神
- 天之児屋根《あめのこやね》の命《みこと》
- 建雷之男神《たけみかづちのおのかみ》
- 経津零雷神《ふつぬちのかみ》

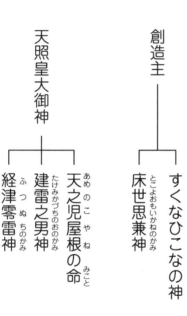

ここまで、天照皇大御神は自分の分神を十一神造ったことになる。そこに「孫神」を一人加えると十二神となる。

天孫ににぎの命が天之忍穂耳命と天之児屋根の命、建雷之男神、経津零雷神と共に地上へ向かうと、そこに「猿」が現れた。その猿は一行を案内して、九州の中央部付近へと導いた。この猿は「すさのうの神」が猿に変装した姿であったが、その案内のときの様子が大変すばらしかった。そこで、すさのうの神はそのときの様子のままに「猿田彦神」を造り出した。すさのうの神が初めて分神を造り出したのである。

地上に降り立った「ににぎの命」が、ある日、九州の南部を見に行ったとき、木の花咲耶姫に出会って、結婚したという話が古典に書いてある。ところが、木の花咲耶姫は、

「私、ににぎの命と結婚なんてしてないわよ。古事記や日本書紀は誤記が多いわ〜」

と言っている。一方、ににぎの命は、

「自分は天照皇大御神の仕事を手伝うために生まれてきている。他の神と結婚していない」と言っている。そのににぎの命が言うには、

「神界の中心と地球との間を5年間くらいの時間で行ったり来たりしているが、その間、人間界に立ち入ったことはなかった」と。

第二章　人類創生

二ノ一　人類創生プロジェクト

今からおよそ2千万年前、創造主は神々を集めて会議を行なった。

「自分がどのような存在であるかを知りたいので、神という存在がわかる生命体を創りたい」と創造主は神々に言った。

「その生命体には神のエネルギー（意識体）を取り付けてみたい」と創造主は加えて言った。この生命体は後に「人類」と称されるようになった。

そこで天之御柱神は、人類を造るための分神を生み成した。その分神は「しなつひこの神」という。この神名の言霊《ことたま》を分析すると、

「し」は動植物が繁殖する様子、「しげる」の「し」を意味する。

「な」は葉っぱや魚の「な」を意味し、生命体を表す。

「つ」は包む、作るの「つ」である。

「ひ」は火、日、陽のようにエネルギーのこと。

「こ」はエネルギーを固める、固体の「こ」である。

「しなつひこ」とは、生物を創り発展進化させる神のこととなる。記紀では「しなつひこの神」は「風の神」ということになっているが、誤記である。つまり大気を受け持つ神は別に存在しており、それは「いざな気神」のことであり、いざな気神のさまざまな仕事の中に「風」を造る仕事は含まれている。わざわざ「風神」を造る必要はなかった。雷神はいざな実神の分神として生まれてはいたが。

一方、創造主は自身の手元に置いていた神を、このプロジェクトに参加させた。その神は「すくなひこなの神」という。「すくなひこな」の言霊《ことたま》は、「生命を助け（救《すく》う）、生命をより一層強くする」という意味である。

すこなひこなの神は後世、大国主神とその兄弟神の顧問として着任することになるが、人類創生プロジェクトが発足した当時、大国主命たちはまだ存在していなかった。

人類は二足歩行の動物として計画され、両手を使って道具を創ることができるように設計されていった。その設計図はしなつひこの神が作っていった。人類は動物であるため、細胞が膨大に必要となる。このため動物を造るのが大変巧みな「吾屋惶根神《あやかしこねのかみ》」がこのプロジェクトに加わることになった。

人類の設計図は3次元の立体設計図として造られていったが、物質になる前のエネルギーの線や面によって構成されており、これは神々には見える形となっていた。吾屋惶根神は立体の設計図に従って、細胞を造っていくのだが、細胞内のDNA設計は「津零奇霊神《つぬくしひのかみ》」が担当することになった。この神は第一章第一節に登場している。また、津零奇霊神の相棒、「活奇霊神《いくくひのかみ》」は細菌を造るのがうまい神なので、このプロジェクトに参加することになった。動物にとって有害な細菌に対抗できる細菌を体内に持つことが必要であった。また、津零奇霊神の分神「神阿多都姫神」もこのプロジェクトに参加することになった。この神は最初に地上ができたときに、その表面に苔という生命体を造り出した神である。以上の七神が「人類創生プロジェクトチーム」になった。列挙すると以下のようである。

最初の人類は、宇宙の第1銀河団にある一つの惑星に創られた。この人類は両性具有であった。2千万年前に創られたこの人類は、非常にうまくいき、発展していった。

すくなひこなの神
天之御柱神
――創造主の分神

吾屋惶根神
しなつひこの神
――天之御柱神の分神

津零奇霊神
活奇霊神
――創造主の分神

1千9百万年前、今度は第7銀河団内にある惑星に人類を造ってみた。この人類も両性具有で、うまく発展していった。

そこで今度は、男女別性の人類を創ってみることになった。その最初に選んだ星は、第7銀河団内にあるシリウス星系惑星であった。シリウス星人は黄色人種で、これもうまくいき、独自の発展をしていった。そこで今度はプレアデス星団の内にある一つの惑星を選び、そこでは黒人種が創られた。この黒人種も男女別の人類である。もう一つプレアデス星団にある他の惑星では、白人種の男女別性の人類が創られた。いずれもうまくいき、発展していった。

最初の人類が造られた頃、人類の主食としての植物を造った神がいたと思える。その植物とは穀類のことで、米や麦等と考えられる。

人類創生プロジェクトチームの一員に津零奇霊神がいた。木の神や木之花咲耶姫神を生み成した神である。人類の主食となった穀類を造った神は、津零奇霊神の分神で「宇迦之御魂神《うがのみたまのかみ》」といい、現在、伊勢外宮に祀られている「豊受大神」のことである。この神は別名「おいなりさん」として全国に親しまれている。「御稲荷さん」と漢字を

津零奇霊神　→　宇迦之御魂神
　　　　　　　　＝
　　　　　　　豊受大神（おいなりさん）

当てているが「お稲成《いなり》さん」であろう。
「わしゃー、動物の姿には成らんぞ〜」とその神は言っている。神はキツネの姿に化けることはないということである。

今から1千2百万年前、第2銀河団にある惑星で両性具有人種が造られた。人類は一つの惑星に生まれ、そこで数万年も経つと文明が非常に発展し、別の惑星に移住できるようになる。その移住方法は宇宙船である。宇宙船は無機質の金属類で造るのではなく、有機質の物質をバイオテクノロジーにより培養して造られていく。このプロセスでは、神々が生命体を造っていったシステムと同様に、人類が宇宙船を造ったと思える。

黄色人種が造られたシリウス星系の惑星は大変安定しており、今現在でも人口が増え続けている。人口が増えると他の惑星へと移住し、新たな文明を築いていった。その一つにオリオン文明がある。

一方、プレアデス星団にある惑星は、その寿命がそれほど長くはなかった。そのため、黒人種、白人種共に、他の惑星へと全員で移住することになっていった。

天之川系銀河内にある惑星では、人類が造られたことはなかった。つまり他の銀河系で文明を築き上げた人類が、次々に天之川系銀河にある惑星を発見し、ここに移り住んできたのである。それはシリウス星系人（黄色人種）、プレアデス星系人（白人種と黒人種）、両性具有人類である。

天之川系銀河内の我が太陽系の地球では、科学者の間で、「地球人はアフリカの大地溝帯で数百万年前に自然に生まれ、そこから全世界に広がっていった」とされ、それが通説となっている。しかし、人間が自然に生まれる確率は0《ゼロ》であると主張している科学者もいる。

「地球人類は外宇宙から移住してきた人々が元になっている」と全ての神々が言っている。この件については『超巨大「宇宙文明」の真相』（ミッシェル・デマルケ著　徳間書店）がある。この本は1997年に翻訳出版された。詳しくは同著を読んでいただきたい。

「この本に書かれていることは真実である」としなつひこの神が言っていた。以下は同著の抜粋である。

今から135万年前、黄色人種と黒人種の民族が合同で地球に降り立った。その場所はオーストラリア大陸であったが、その当時、オーストラリア大陸とニューギニア、インドネシア、マレーシアは一つの大陸になっており、アジア大陸とは陸続きであった。南極大陸は、オーストラリアと接していて、かなり暖かであった。この当時、すでに火星には人類が住み着いており、その火星の民族は黄色人種で地球に降り立った民族と同族であった。今から132万年前、二つの巨大な隕石が地球に衝突した。この隕石は岩盤を貫き、地球のいたる所で大爆発が起こり、人類は絶滅した。地球上のいたる所で火山が爆発し、山々が瞬時に形成された。海では巨大な津波が発生し、高さ3百メートルを超える津波によってオーストラリア大陸の80%が海水に洗われた。オーストラリア大陸はアジア大陸から分離し、タスマニアは切り離された。南極大陸の大部分は沈み、南極大陸とオーストラリア大陸との間に巨大な海底峡谷ができた。同時に南太平洋の中央に大陸が浮上した。後にムー大陸と呼ばれるようになった大陸である。そのムー大陸はこの2千年後、地震によって3つの大陸に分離した。

地球の地軸は隕石衝突時にそれ以前とは違う位置になった。（引用おわり）

今からおよそ50万年前、小惑星（生命は存在していなかった）が地球に近づいてきた。やがてその小惑星は、地球の引力とバランスを保って「月」となった。地球の海水には、引き潮と満ち潮ができていった。

今からおよそ37万年前、第2銀河団内の惑星で誕生し、発展を続けていた両性具有人類が天之川系銀河内にある惑星に降り立った。この人類はしなつひこの神が造った、とこの神様が私に言っていた。今現在いわれている、ティアウーバ星人のことである。第2銀河団の惑星は冷えて、生命体が生きるには適さなくなっていった。

我々が住んでいる地球を含む、天之川系銀河は第7銀河系内の片端にあって、第2銀河団系の惑星からはあまりにも遠い。物質的機械による建造物では来ることが不可能である。また、第2銀河団系の惑星から地球を見ることは不可能である。天之川系銀河内にある惑星同士でも、見ることはできない。火星や木星など、太陽系内にあって、地球に近いところにある惑星を観測することはできても、他の恒星を廻っている惑星は、地球から観測不可能である。つまり、ティアウーバ星は地球から見ることは不可能である。

二ノ二　地球に降り立った人類

37万年前、第2銀河団内の惑星を出発した両性具有人たちは、どのようにして第7銀河団にある天之川系銀河を見つけたのであろうか。

床世思兼命《とこよおもいかねのみこと》に教えてもらったとすれば、どうであろうか。床世思兼命は創造主の下にいて、宇宙に存在している惑星を調査するのが仕事であった。つまり、第2銀河団の両性具有人の移住先を第7銀河団内にある天之川系銀河に案内したのは、床世思兼命であったとしてみよう。その星はティアウーバ星であるが、地球とティアウーバ星とは光の速度で2日間を要する距離がある。第2銀河団内の惑星からティアウーバ星まで、光の速度で1年間かかる距離なんだそうである。

宇宙船が物質的機械であるならば、ティアウーバ星への移住は不可能であるといえる。しかし、宇宙船を波動修正によって「非物質化」できたとすればどうだろう。非物質化とは、「意識エネルギー化」のことである。神は意識エネルギーの存在であり、宇宙船をその意識エネルギーの存在に波動修正した。それは神の技術であろうと考えられる。その仕事は天之御柱神が行なったようである。

非物質化している宇宙船に乗った両性具有人類も宇宙船と同様に非物質化して、極めて短日でティアウーバ星に到着できたようである。第2銀河団の両性具有人類は数千万人ほどいたようであるが、それほど大量の人類をどのように運んだか、それが問題となる。

宇宙船には、直径が数キロほどもある超巨大なものがある。これを造るについては、他の小型宇宙船と同じようにバイオテクノロジーによる。この超大型宇宙船が第2銀河団と第7銀河団とを何往復かして、全員をティアウーバ星へ運んだと考えられる。この人類はティアウーバ星に移り住んだ後も、このようなハイテクノロジーを維持したという。

今からおよそ27万年前、シリウス星系人の黄色人種が中国に移り住んだ。中国人の始まりである。また、アフリカ大陸には黒人種が移り住むようになった。いずれも天之川系銀河外の銀河系からやってきた。この人類もティアウーバ星人と同じような手法を使って地球にやってきたと思われるが、ハイテクノロジーを早々に失った。その原因は、度重なる地球上の自然災害によって人類は原始的生活に追い込まれてしまったからだと考えられる。

今から約25万年前、プレアデス系白人種が地球を発見し、地上に降り立った。この一族は先住民がすでに住んでいた中国やアフリカ大陸を避け、まだ人が住んでいなかったムー大陸を選んだ。このムー大陸の存在については、多くの科学者が否定している。ムー大陸の存在を示す物質的遺構がない、というのがその理由である。

ムー大陸に降り立った白人種を仮に「ムー人」としておく。ムー人たちは、ハイテクノロジーを維持し続けた。例えば、宇宙船を使う等の技術である。

彼らは、ムー大陸の標高3百メートルの高原に首都「サバナサ」を建設した。その首都の中央に、巨大なピラミッドが建造された。使用された石の重さは50トンを超えていたが、「超音波振動システム」によって誤差0．2ミリ以内で切り出された。採石場は現在のイースター島である。このイースター島には、巨大な岩で人物像が残されている。モアイ像のことである。

これが、ムー大陸とその文明があった一つの証拠である。地球の科学者たちは、これでもムー大陸の存在を認めないのだが。

イースター島は現在、南太平洋上の島となっているが、ムー大陸の東端にあった。切り出された巨石は、「反重力テクノロジー」によって輸送された。現代文明はずいぶん進歩しているように見えるが、「反重力システム」はまだない。

ピラミッドは高さ440メートル、四辺は正確に東西南北の4方向を指していた。

ピラミッドは地球のエネルギー、宇宙線、宇宙の力、宇宙エネルギーの捕獲器で、内部には部屋があった。そこは他の惑星や宇宙の別の世界との接触のため、強力なコミュニケーション・センターになっていた。当時のムー人たちは、自然の力と宇宙の力を利用して、神霊界と絶えずコミュニケーションしていた。

ピラミッドのもう一つの役割は、雨を降らすシステムでもあった。

地球への入植から5万年後、ムー人の人口は800万人となった。

この頃、地球のほとんどの地域には黒人種、白人種、黄色人種が住んでいた。いずれも第7銀河団にあるさまざまな惑星で、それぞれの文明を築き上げ、白人種とはいえ、ムー人とは風俗習慣が異なっていた。地球に降り立った時代も、民族ごとに異なっていた。

この当時、南北アメリカは全く平坦な土地で(=平原)、アンデス山脈やロッキー山脈はまだなかった。現在のブラジルは海であった。ムー人は、その海と太平洋をつなぐ運河を建設した。これは、現在あるパナマ運河とは違う。ムー人たちは運河を使って大西洋に出た。その大西洋には、アトランティス大陸があった。

アトランティス大陸は、北半球の大西洋の真ん中に位置し、ヨーロッパ大陸とつながっていた。地峡によってアメリカとも連結され、別の地峡によってアフリカとも連結していた。イギリス諸島はまだ島になっておらず、北ヨーロッパとつながっていた。アフリカ大陸は南ヨーロッパとつながっており、ジブラルタル海峡はまだなかった。この当時の地中海は、現在の黒海やカスピ海に見えるように、陸地に囲まれた湖であった。

アトランティス大陸には、ムー人たちとは違う白人種が住んでいた。この白人種はムー人たちとは異なる銀河系内の惑星から地球に来ており、ムー人たちよりずっと前に地球に来ていた。しかし、「ハイテクノロジー」は早々に失っていた。つまり、原始的生活になっていた。

ムー人たちがアトランティス大陸に入ると、先住民のアトランティス(白人種)はムー人たちを受け入れることができず、北ヨーロッパに移住していった。

約3万年前、アトランティス大陸はムー人たちの植民地となった。

ティアウーバ星人たちは、たびたび地球を訪れ、公然と人前に姿を見せて交流していた。ムー人たちと親友関係になっていた。ティアウーバ星人は身長3メートルほどで、ムー人たちは彼らを見上げていたことであろう。ティアウーバ星人たちは、その星から宇宙船に乗ってきていた。その中にタオという名の人がいた。そのタオさんの話によると、地球担当の神、天照皇大御神の魂を持っているティアウーバ星人が友達の中にいるという話であった。タオさんの魂は、「しなつひこの神」である。


約1万7千年前、アトランティス大陸に住み着いていた人々が北アフリカに行き、さらに地中海を探索した。そこでギリシャに入り、そこに小さな植民地を作った。このとき、北アフリカやギリシャにはアラブ人が住んでいた。アラブ人は黄色人種と黒人とが混血で生まれた「地球人」で、つまり外宇宙から来た民族ではない。

アトランティス人たちは、アラブ民族に文字や数字を教えた。α、β、γ……の文字や、1、2、3、といった数字である。それらはギリシャ文字、アラビア数字として現代に残っている。これらの文字、数字は、地球人が発明したものではなく、ティアウーバ星人がムー人や他民族に教えたものである、とタオさんが言っている。

次にアトランティスの人々（元はムー人）は、エジプトの地に到着した。当時のエジプトは、現在のような砂漠ではなかった。エジプトに入った人々は、「トト」という名の偉大な指導者によって強力な植民地を建設した。トトは精神的、物質的に極めて博学なアトランティスの人物であった。彼はエジプトにピラミッドを建設した。このピラミッドは、現在我々が見るピラミッドのことである。アラブ民族の製作ではない。エジプトの大ピラミッドは、ムーの主都サバナサのピラミッドの3分の1の大きさで造られた。建設期間は9年間であった。その技術は、ムー大陸に作られたピラミッドの手法と全く同じで、反重力、超音波テクノロジーであった。

仮に、エジプトのピラミッドがアラブ人たちによって作られたものであるとすれば、アラブ人たちはその技術を持っているはずであるが、その形跡は全くない。現在アラブ人たちが信じている宗教は、古代の優れた文明を否定しているのである。

今から1万4千5百年前、地殻変動により、ムー大陸とアトランティス大陸は、1日1夜にして海中に沈んだ。ムー人たちは、持っていた宇宙船で地上を離れようとしたが、間に合わなかった。ムー、アトランティスに住んでいた人々は全滅した。両大陸以外にいた人々も、その後の災害によってほとんどの人々が、その文明共々無くなっていった。

ムー大陸、アトランティス大陸が海中に沈んだ反動で、地球上の大陸に大変動が起こり始めた。北アメリカでは、ロッキー山脈が姿を現し、南アメリカではアンデス山脈ができ上がり、南北アメリカ大陸となっていった。日本列島では、南北アルプスとその中間の中央アルプスができ上がり、東北地方にも高い山々ができ上がっていった。

オーストラリア大陸は海に囲まれ、単独の大陸となった。

インド大陸はアジア大陸を押し上げ、ヒマラヤ山脈を作った。アフリカ大陸はヨーロッパ大陸を押し上げ、スイスのアルプス山脈ができ上がった。

二ノ三　ムー文明以後

日本の3大アルプス、北米のロッキー山脈、南米のアンデス山脈、インドのヒマラヤ山脈、スイスアルプス等の大山脈は、今からおよそ1万年ほど前に急にでき上がった、と地質学者たちが認めている。その学者さんたちは、その時代を「大造山活動期」と呼んでいる。

巨大な山脈が世界中で同時的にでき上がった。その理由を学者さんたちは考えていないようだ。「思考停止」に陥っているとしか思えない。地質学者たちは、ムー大陸、アトランティス大陸の存在を認めていないのである。世界中に残されている古代遺跡類について、その期限が明らかにされていない。学者さんたちには、何か不都合な事態が予想されるのだろうか。

現在、オーストラリア大陸に住んでいるアボリジニーといわれている民族は、ムー人の生き残りである。ムー大陸が海底に没したとき、たまたまオーストラリア大陸の高地にいたムー人たちが生き残った。しかし、その後の地殻変動と自然災害により、ハイテクノロジーを失い、原始的生活を余儀なくされた。インドネシアやポリネシアで生き残ったムー人たちも、同様の事態に陥った。それはまるで「石器時代人」の如き生活ぶりになった。

黒人種はアフリカ大陸の一部で生き残ったが、原始時代人の様相になっていった。中国の内陸部では、シリウス星系人たちがわずかに生き残ったが、原始的生活を余儀なくされていった。

この頃シリウス星人たちは、北極星の近くに人類が住めそうな惑星を発見し、移住を開始した。この人類は後に、「クラリオン星人」と呼ばれるようになった。クラリオン星人たちは、初期のハイテクノロジーを失うことなく、順調に文明を発達させた。

クラリオン星人は植物等の遺伝子を扱うことが非常にうまくて、人類が食べられる穀物を多く造ることができた。クラリオン星人の守護神は、江戸時代に日本に来たとき、「妙見様《みょうけんさま》」と呼ばれるようになり、現代に続いている。

今から1万2千年ほど前、高御蔵から地球を見ていた「八嶋地生神《やしまぢぬみのかみ》」は急激に変わっていく地球の様子を創造主にレポートするために、一神を生み成した。その神名は、「八大龍王」という。八嶋地生神は、大国主命たち4兄弟の親神である。その大国主命たちが生まれたのは、今からおよそ8百万年前である。

八大龍王と大国主命たちは、その親神が同じであるため兄弟同士ということになるが、年の差があまりにも大きい。799万年ほどの差がある。八大龍王は、地球の変化を刻々と創造主に報告し続けた。

八大龍王が創造主と地球との間を往復しているうちに、その途中にある人類が住んでいる惑星に立ち寄ることがあった。そのため、八大龍王は他惑星の住民たちと親しくなっていった。地球で生まれ、地球で仕事をする神々は、宇宙の他の惑星の実情は知らなかったので、八大龍王が知り得た宇宙情報と大きなギャップが生まれていったと思える。

八大龍王は、「自分は創造主である」と平気で言うようになっていった。「神」という存在が平気で嘘をつくようになった。

今から1万2千年前、惑星「ヘブラ」の人類は同じ環境を持つ惑星を探しに出かけた。1千年以内に惑星へブラが冷えて、居住不可能になることが分かってきたためである。彼らの超高速宇宙船は、その探索の途中で重大なトラブルを起こし、地球へ不時着した。

その地点は、ロシア西部のグラスノダードであった。その当時、そこは無人の地であった。つまり、ロシア人はまだ地球に存在していなかったのである。

ヘブラから来た宇宙飛行士は白人種で、男性一人、女性二人が、不時着した宇宙船から脱出できた。三人は壊れた宇宙船の近くにしばらくの間いたが、やがて寒さが訪れてきたので南へと向かった。そして黒海のそばまで南下したとき、そこでキャンプを構えた。この三人が後のヘブライ民族の祖となった。ユダヤ人のことである。

この人種は、三人から他人種との混血なしに発展していった。その三人は宇宙船を失ったものの、ハイテクノロジーを持ったまま地球で過ごした。それらの道具によって、他民族からの攻撃を退けた。ヘブライ民族は、ティアウーバ星人と親交を結んでいた縁で、ティアウーバ星人のタオさんたちは彼ら三人を助けた。

そのタオさんは、ムー文明がまだ健全に機能していた時代からムー人たちと親交を結んでいたから、その時代から3千年後もまだ生きていて、地球との関わりを持っていたということになる。

ティアウーバ星人たちは、肉体を保ったまま、極めて長寿の民族になっていた。人間の肉体が老化しない技術を持った、ということであろう。地球人はその人種に関わらず、数10年で死ぬのだが、ティアウーバ星人は死なない人類というところまで文明を進歩させていたということになる。数千年後、ユダヤ人たちは人口37万5千人ほどに増えていった。

今から1万年ほど前、プレアデス星人の白人種が、天之川系銀河団内にある惑星を発見し、この星に移り住んだ。この惑星は、地球から見ると天之川系銀河の中心の向こう側にあって、地球からは観測不可能であるが、ティアウーバ星から遠くない所にある。この白人種は、ハイテクノロジーを持ったまま、文明を発達させていた。プレアデス星系に初めて生まれた人類の本体である。つまり、本家が天之川系銀河内の惑星に引っ越しをしてきたといえる。

この民族は、ティアウーバ星人と異なり、寿命という生命体の実体を持ち続けていた。その寿命は、現代の地球人とほぼ同様で、その魂は輪廻転生を続けている。この惑星を仮に、「P星」としておく。

プレアデス星人たちの本家が「P星」に引っ越しをしてきた頃と同時期に、オリオン星人たちも天之川系銀河団内に人類が生存可能な惑星を発見した。その惑星はもちろん、太陽と同じような恒星の周囲を廻っているが、その恒星は「セントラルサン」と呼ばれていた。
オリオン星人たちの元は黄色人種、つまりシリウス星系人であったが、この民族は白人種を受け入れ、一つの惑星の中で「同居」するようになっていた。そこで黄色人種と白人種の交配人類ができ上がっていった。
セントラルサンとP星との間には、ティアウーバ星がある。ティアウーバ星人は両性具有人類であるため、他の人類と一つの惑星の中で同居する事態はありえなかった。姿、形があまりにも異なっているのである。

人類の2千万年という長い歴史のうちに、他の惑星で生まれた黄色人種、白人種、黒人種が生まれた星を離れ、他の惑星で出会い、そこで交流が始まり、交配による新しい人類ができることは大いにありえる事態であったと考えられる。

今から8千年ほど前、インド大陸に降り立った宇宙人たちがいた。この人種は黒人種と黄色人種との混血によって生まれた人たちで、第7銀河団内にある惑星で生まれていた。つまり、地球にいた黒人種と黄色人種（中国人）との間に生まれた人種ではない。「アーリア民族」と呼ばれている。インド大陸はまだアジア大陸と押し合っていて、地殻は安定せず、たびたびの自然災害によってアーリア民族は早々にハイテクノロジーを失った。原始的生活を余儀なくされたのである。

しかし、人口は増え続け、今では11億人ほどにまでなっている。人口をコントロールする技術を持っていない民族ではある。

今から7千年前から6千年前頃、シリウス星人たちが、中国、モンゴル、他のアジア地域等に降り立った。ムー大陸が海底に沈んで、その後の地殻変動も少なくなってきたのを見たからである。地上に降り立ったシリウス星人たちはその地方ごとに適応した生活をしたため、中国人、モンゴル人、朝鮮民族、日本人というように、生活習慣がまるで違う民族となっていた。ただ、黄色人種であることは同じままである。それはDNAが変わらないことによる。

中国には、先住民族のシリウス星人がいた。後から来たシリウス星人たちは、先住民族を滅ぼしていったが、周辺地に逃げ込んだ先住民族のシリウス星人たちもいた。今では、国名がそれぞれ異なっている。

モンゴルに降り立ったシリウス星人たちは、人口が増えるにつれて、新しい土地を求めて移動した。その一部はベーリング海峡を越えて、アメリカ大陸へと進出していった。当時、アメリカ大陸は大造山時期が終わって、広大な土地ができ上がっていたが、無人の荒野であった。モンゴル人は、ベーリング海峡が凍っていた時期、つまり氷河期に、ベーリング海峡を歩いて渡っていった。この人々が後に、「アメリカインディアン」と呼ばれるようになった人々である。宇宙船は使わなかった。シリウス星人たちは、初期のうちにハイテクノロジーを失った。

アメリカインディアンたちは、その後も南下し、南アメリカの原住民となっていった。その南アメリカも、無人の大陸であった。新しくできた大陸だったからである。

同じ頃、火星に定住していたシリウス星系人は火星を離れた。火星は冷えて生命体が住めなくなっていたからである。彼らの宇宙船は地球に接近したとき、地球の引力に引き込まれて不時着した。その場所は現代のブラジルで、生き残った人々はジャングルで原始的生活を余儀なくされていった。これが、ブラジルの原住民の祖となった。

日本人の祖となったのは、中国人やモンゴル人たちと同じシリウス星系人（黄色人種）の一族で、今からおよそ1万1千年前、彼らは宇宙船で九州のほぼ中央に降り立った。

当時、日本はまだ「造山活動中」で、火山活動はしきりに起こり、地殻変動は収まっていなかった。彼らが降り立った場所は、かつて「天孫ににぎの命」が降り立った場所に近く、そこでこの部族は「天孫族」といわれるようになった。

天孫族は早々に宇宙船やハイテクノロジーを失い、原始的生活を余儀なくされていった。しかし、九州は常緑樹林帯にあり、動植物が豊富で、四方の海には海産物が非常に多くあった。つまり、山の幸、海の幸に恵まれ、天孫族の人口は増え続け、独自の文化、文明を築いていった。

二ノ四　魂《たましい》の働き

創造主が人類創生プロジェクトを発足させたとき、「その生命体には神のエネルギーを取り付けてみたい」と、創造主が提案した。その「神のエネルギー」とは、「神の分《わ》け御魂《みたま》」と神道《しんとう》では表現する。神は元々、意識エネルギーという存在であって、その意識エネルギーを人類に取り付けてみようと創造主は言ったのである。

それは、一般的に「魂《たましい》」といわれる。神も魂も人の目には見えないエネルギーであるが、人類の長い歴史の中で、魂を見ることができる人間も生まれ、その人は霊をイラストで表現した。バーバラ・アン・ブレナン博士がその人である。彼女はアメリカ人であるが、『光の手——自己改革への旅』（河出書房新社）というヒーリングの教科書を出版し、その本の中で「人間のオーラ」をイラストで説明している。そのオーラが、魂のことである。

人間の肉体が寿命等で尽き、亡くなっても、オーラ（＝魂）は全て残る。生前の姿はそのままオーラの中にあり、つまり魂は目、耳、鼻、口、両手等、エネルギー体として残っている。それだけでなく、精神もオーラに保存されており、前世の記録もオーラの中に残されている。

今から2千万年前、初めて人類ができ上がった当初から、人間の肉体が失われた後のその魂は、人類創生プロジェクト・メンバーの七神が管理した。魂はその人間を造った神々のエネルギー体であるからである。神の元に戻った魂は、人間という生命体を体験し、感じたことを親神に報告した。さらに魂たちは、次に人間として生まれ出た場合、前世よりもっと上手に生きるにはどうすべきかを研究した。このシステムを輪廻転生という。

輪廻転生を1万年、あるいは2万年、さらにそれ以上繰り返した魂たちは、「もうこれ以上、人間になる必要がない」とされた場合、神々の元へ戻り、親神の仕事を手伝うようになる。これは、神が生まれたのと同じである。あるいは、親神の中に吸収され、親神の一部になる魂もいる。この輪廻転生のシステムは、現在も続いている。

「神様が仮にいるとして、神様はどうしてこんな面倒なシステムを造ったんでしょうか」と私に言ってきた読者がいた。この方は、ある大きな会社（品川区に本社がある）

の社長夫人で、お茶の水女子大学出身であった。その社長は東大出身であった。この社長夫人が寿命がきて亡くなった。その魂は「霊界」に入り、前世の浄化のプロセスに入った後、

「輪廻転生という、このシステムはすばらしく便利だわー」と言ってきた。次の人生をより良いものにできるよう考えられる機会である、と付け加えていた。

魂だけの存在になると、魂たちが集まっている世界に入るが、それを霊界という。霊界はその魂を造った神々の管理下にある。

「霊界はどこにあるんですか」と質問してきた読者がいた。神界、霊界、人間界は同じ空間にあり、これをパラレル・ワールドという。どこか遠い世界に存在しているのではない。人間が生きているとき、その魂は常にその人と共に居るが、魂は親神と常に交信できるようになっている。

この意味において、人は常に神と共にいるのであるが、目に見えない存在は「無い」と考える人について神は、「おまえがそう考えるのであれば、ワシは遠くからおまえを見ていることにしよう」と言って、ついにその人の存在を忘れてしまうのである。この状態を、「守護されていない」という。

人が夜、眠っているとき、魂はその人の体から抜け出て、その魂が本来持っている仕事をしている。これを幽体離脱という。魂が幽体離脱するときは、その魂のエネルギーの何%かを肉体に残しておく。全部が出てしまうときは、肉体の死を意味することになる。肉体は魂によって維持されているのであって、表面意識の自我によって体が保たれているのではない。仏教では、表面意識の自我を「小我」、魂の大部分を「大我」といい、「大我で生きよ」という。なかなかそれができないのが、生身《なま》の人間ではある。

昼間に、人間関係や難しい問題にぶつかって悩んでいると、その夜、魂は幽体離脱して悩みの元になっている事象を研究し、解決を見つけ出す。朝起きると、昨日まで悩んでいたことが無くなっている。魂はこのような働きを日々、行なっているものである。悩みを抱えたまま、いつまでも起きていると、何も解決しない。さっさと眠ったほうが良い。

「魂」は人の目には見えないので、「魂はない」と考えている人は、自分が死んでその葬式に立ち会っているとき、「自分は死んでいない」と遺族に叫び続けている。葬式が終わると、その魂の親神が迎えに来るので、神が存在していることを知る。そのとき、今生の前にも人間を経験していたことを思い出す。その記憶は、魂の中に存在しているのである。前世の記憶がない魂は、「初めての人生」であったことがわかる。

輪廻転生がない人種が存在している。ティアウーバ星人のことである。この人類は「肉体の死」のシステムを知り、肉体が死なないようにする技術を見つけたのである。彼らは数万年、肉体を維持しながら魂も進化し、肉体そのものを光の存在（ライト・ボディ）に変えることができるようになった。さらにライト・ボディを消して、「意識体」だけの状態にまで進化させていった。つまり、「神としての存在」になっているのである。このため人口を増やさないようにしている。

ティアウーバ星人のタオさんは3万才に達しており、地球に来るときは「神」としての存在で、ティアウーバ星に戻ると物質的肉体に戻って、人間としての生活をする。そのタオさんが、仲間たちといっしょに肉体を持ったまま他の惑星に行くときは、宇宙船に乗って行動する。

ところが、御自身だけで他星に行くときは宇宙船を使わず、「意識体」だけのエネルギーになって、移動する。地球人がタオさんを見ると、「神様」のように見える。

このティアウーバ星人は「しなつひこの神」が造った人類であると、しなつひこの神が私に言った。ついでに、「タオの魂はワシの御魂分けである」とも付け加えていた。ティアウーバ星人の文明は、「人類としては、これ以上発達できないレベル」にあるという。そのティアウーバ星人たちの最高責任者は7人いて、その役職は、「タオリ」という。その7人のタオリの中から代表が選ばれ、その方の役職は「タオラ」と呼ばれている。

タオさんはそのタオリ、タオラではなく、その周辺で働く人の一人であった。タオリは数10万年、人間としての生活をし、その人間を卒業して、神的存在になっている。つまり、肉体を持たず、意識エネルギーの存在になっている人々である。

ティアウーバ星には病院がない。人々は皆ヒーリングができて、友人たちが何か病気になると、自分たちで病気を治してしまうからである。また、この星には地上を走る車がない。彼らは反重力装置を持っていて、空を飛んで移動しているのである。車がないので、道路がない。その他、現代の地球人には想像もつかない高度な文明がある。

10数年前、この話を聞いていた「大国御魂神」が、「それは本当か？」と言って、実際のティアウーバ星を見に行くことにした。このとき、大国御魂神は八千矛神《やちほこのかみ》といっしょにティアウーバ星に向かった。八千矛神は大那牟遅神《おおなむちのかみ》の息子である。1ヶ月ほど後に地球に戻った大国御魂神は「本当だー」と一言いった。

あるとき、創造主が地球人類の生活を見て、ティアウーバ星人に「地球人の指導」を頼んだ。その時期は、今から8千年ほど前であったらしい。タオさんたちは、それ以前のムー人たちと親交があり、ムー大陸の消滅も知っていた。タオさんは地球人類の指導に当たり、当初は肉体を持ち、地球人類の前に現れた。

そのとき、反重力装置を使って空中から人々に話しかけた。それを見て、地球人はタオさんを「神様」だと思った。そこで、タオさんはその姿を現さないで、「意識体」となり、人の目には見えないようにして振る舞っていった。「自分はまだ神様にはなっていないから」と言っていた。

タオさんが肉体を持って日本人の前に姿を見せたとき、日本人はタオさんを神様だと思った。そこでタオさんを、「観音様」と表現した。しかも、巨大な観音像を、日本のあちこちに作っていった。

年に一度、出雲に神々が集まって会議をするが、その会議にはタオさんがオブザーバーとして招待されていた。その前後、タオさんは世界のあちこちを見て廻り、数ヶ月地球で過ごしていた。

そのとき、私のヒーリングを手助けしてくれていた。タオさんは地球人のヒーリングが大変うまくて、命を助けてもらった拙著の読者が多数いる。

2018年初頭、ティアウーバ星の指導陣に人事異動があった。長年務めていたタオリの一人が引退を決めたのである。そこで新任のタオリにタオさんが選出された。以来、タオさんは地球に来なくなった。しかし、他のタオリ、タオラが地球を担当するようになった。

第三章　人間の魂

三ノ一　天孫民族

今からおよそ1万1千年前、国之床立神が一神を生み成した。その神は「玉依姫神《たまよりひめのかみ》」という。天皇を守護するための神である。国之床立神が約40億年前にいざな気、いざな実神や火の神3兄弟、筒之神3兄弟を造って以来、久しぶりに生まれた神である。玉依姫神は現在、京都の下鴨神社に祀られているが、これは平安時代以降の話である。

今からおよそ1万1千年前、九州に降り立ったシリウス星人の部族に、家柄《いえがら》が非常に古い家系の人がいて、この方が「天皇家」の祖となっていったのではなかろうか。天皇制は日本で生まれた制度ではなく、元々、シリウス星人の中で生まれていた。つまり、「天から来た王」のことで、略して「天王」であったと考えられる。

今からおよそ6~5千年前、九州に降り立ったシリウス星人のある部族（後に天孫民族といわれるようになった）に、農業を手伝う神様が生まれた。

その神はいざな気の神の分神で、「奇稲田姫神《くしいなだひめ》」と「国之水分の神《くにのみくまり》」との二神である。奇稲田姫は櫛稲田姫《くしなだひめ》とも書かれ、この神を「おくしださん」と親しみを込めて呼ぶ人たちがいる。福岡県民である。

「国之水分の神」は水田に水を配る神という意味で、「米作り」を手助けする神である。天孫民族が九州に住み始めて、すぐに米作りが始まっていったのかもしれない。日本人の米作りの歴史は、それほど長いのではなかろうか。

歴史学者は、「人類は未開の時代から始まり、石器時代を経て、農耕時代へと進化していった」と考えているが、この歴史観は間違っていると私は思う。なぜなら地球人類は、非常に進化した文明の惑星から、この地球に宇宙船に乗ってきた人々が元になっているからである。今のところ、その宇宙船の痕跡すら見つかっていないからと、「そんな事はない」と断言するのはいかがなものかと思う。宇宙船は物質であるから、風化して無くなってしまう。

九州に降り立ったシリウス星系人は、元々、前に住んでいた惑星で農業技術を発達させていた民族ではなかろうか。地球に引っ越すにあたり、米の原料もいっしょに運んできたと考えるとどうだろうか。日本は地球の他の地域と違って、米作りがうまくいく地域であった。砂漠もなく、極度の寒さ暑さもない。

同じシリウス星人であっても、降り立った地域ごとに独自の文明が築かれていったのは、地球の各地の気候風土の違いと大いに関係しているように思える。

今からおよそ2千4百50年前、神武が九州を出発して奈良へ向かった。ここで「神武天皇」とは書かない理由は、神武はまだ天皇になっていなかった頃の話だからである。神武はその幼少期の名を、「狭野奇日命《さぬのくしひのみこと》」という。宮崎県に狭野《さぬ》という地名がある。現在では西諸県郡高原町狭野《にしもろがたぐんたかはらまちさぬ》である。その村に「狭野神社」があり、その近くに「神武天皇生誕の地」と看板が立てられている。

狭野奇日命の父親は、その当時の天皇で「真幸五瀬命《まさちいつせのみこと》」といい、狭野奇日命はその四男として生まれている。つまり、上に3人の兄たちがいた。詳細は『神武太平記』(創栄出版)に書かれている。この本は現在絶版になっているが、著者は故荒深道斉氏(1871年生、1949年没)である。

荒深道斉氏は神道《しんとう》に関して膨大な本を書き残したが、その魂は「道臣命《みちおみのみこと》」の分魂である。『神武太平記』は、道臣命が荒深氏に憑依して書かせた本である。その道臣命は狭野の皇子が生まれて以来、親代わりだった人である。

また、道臣命は当時の天皇家では重臣の立場にあり、今でいう総理大臣という立場の人であった。荒深道斉氏がその役目を終えたとき、その魂は道臣命が引き取り、吸収された。道臣命は狭野皇子が奈良に入り、天皇になった後、長寿を全うしてその魂は神界入りしていた。したがって、輪廻転生を終わった存在として、その後は人間になることはなかった。

その道臣命の魂は、「天之児屋根命《あめのこやねのみこと》」の分魂である。つまり、荒深道斉氏の魂は天之児屋根命の孫にあたる。天之児屋根命は天照皇大御神の分神で、天孫ににぎの命が九州に降臨したときの護衛神として生まれた神である。

道臣命は代々天皇家に仕えた家に生まれたという。ということは、天之児屋根命は天皇家の御重役をずっと務めていたという話になる。その時代、天照皇大御神は地上を照らす神として、天空に居場所を造っていた。つまり、地上に降りたことはなかったのである。天照皇大御神の代理として、地上勤務の分神たちがその仕事を担っていた。その分神は七神になっていた。

狭野皇子が道臣命たちと共に奈良に入り、そこで神武天皇となった頃、神武天皇は奈良に天照皇大御神を祀った。このとき、天照皇大御神は初めて地上に降り立った。その頃から、天照皇大御神は御自身の御魂分けを造って、人間の魂とした。つまり、天照皇大御神の魂を持っている地球の人間は、この頃に初めて造られた。したがって、現在、天照皇大御神の魂の人々の輪廻転生の長さは、古い人でも2千2百才くらいである。

神武天皇の魂は火火出見命《ほほでみのみこと》の分魂である。奈良に入った後、狭野皇子は、「神日本《かむやまと》威余日子火火出見命《いあれひこほほでみのみこと》」と称されるようになった。昔の人は、御自身の魂の親神がどなたであるか、生きているうちに知っていたことがわかる。火火出見命は国之床立神の分神で、今から39億9千万年前に生まれた神である。そもそもは、火山の神である。つまり、神武天皇の魂は国之床立神から見ると、孫神なのである。

シリウス星系の一族が九州に降り立って以後、人口が増えるにつけ、新しく生まれてきた人々の魂は、現在日本の神社に祀られている神々の分魂になっていったことがわかる。その魂の中には、創造主の分魂の人もいた。

神武天皇は現在、宮崎県の宮崎神宮に祀られている。したがって、神武天皇は神になっている存在であると皆が思っている。

ところが、神武天皇の魂はまだ人間をやっている。つまり、まだ輪廻転生中の魂なのである。魂は一度人間を体験すると、輪廻転生の中であらゆる職業を体験し終えるまで、人間に生まれ変わり続ける。その長さは数万年かかる人もいるし、一万年ほどの人もいる。輪廻転生が終了すると、やっと神界に入ることができる。神武天皇は生まれてから2千数百年経っているが、このくらいの長さでは神にはなれない。宮崎神宮に参拝すると、

「神武である〜」と言って出てくる存在がいる。この方は、火火出見命（神）が神武の形に化けているとわかった。人間側で神武天皇を神格化し、神社に祀っても、当の本人は困っているに違いない。

火火出見命（神）はおよそ1千年に一度、天皇を務めることになっているそうである。神々はそうしたルールを決めている。近いところでは、明治天皇の魂が火火出見命であった。その明治天皇は、東京の明治神宮に祀られている。その明治神宮に参拝すると、「明治である〜」と言って出てくる存在がいる。その方も火火出見命で、明治天皇の姿に化けているのである。明治天皇もまだ輪廻転生中で、生身の人間をしているところ

なのだ。天皇として生まれてきた人だから、その次の人生は大変高貴な家柄に生まれているに違いないと思いきや、一般の人々の中で普通の人生を送っている。そうしなければ、人間の社会を理解できないからである。

先に書いた道臣命は、神武天皇の時代以後、神としての存在になったが、その以前の人生体験は1万年以上であったと思える。今は、春日大社に居て、天照ヒーリング・チームのリーダーになっている。

ここで狭野皇子たちが奈良に向かうときの話に戻る。

一行は船団を組んで、宮崎の地を出発した。最初に訪れた場所は、大分県にある宇佐神宮であった。旅の安全祈願のためである。当時、宇佐神宮に祀られていた神は三女神であった。たぎり姫神、たぎつ姫神、市杵島姫神のことである。現在、この神社には他の神が祀られていて、「宇佐八幡」と名を変えている。この神社名がつけられたのは後世になってからのことで、神武の時代では天照皇大御神の分神、三女神のみが祀られていた神社なのである。

次に一行は、宗像《むなかた》大社を参拝した。海上交通の安全祈願のためである。宗像大社の祭

神も天照皇大御神の分神、三女神である。これ以来、宗像大社は「交通安全」の神となっていった。ところがたぎり姫神は、

「神は車に憑依しないわよ」と言う。安全運転は、車を運転する人が注意深くするようにと言っているのである。

神武の時代には、神社は今のように木造建築ではなかった。山体を「神が来る」山と

国之床立て神 → 玉依姫神（天皇の守護神）

国之床立て神 → いざな気神

いざな気神 → 奇稲田姫神

いざな気神 → 国之水分りの神

火火出見神 → 神武天皇

天之児屋根命 → 道臣命 → 荒深道斉

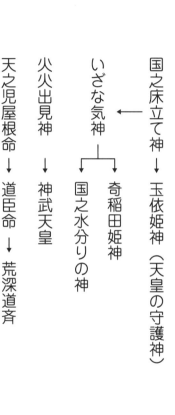

し、その山自体が神社であった。宇佐神宮の背後に高い山がある。神はその山に降り立つと考えていたのである。宗像大社も、大きな山の下に位置している。現在見ることのできる木造建築は、ずっと後に建設されたものである。

三ノ二　四魂《しこん》

人口が増えるに従って、神は人に取り付ける魂について工夫を加えていったと考えられる。

一つの魂を2分割する手法は、いざな気、いざな実神の誕生のように、昔からあったであろう。つまり、大元の魂一つによって2人の人間を造る手法である。

さらに、一つの魂を4分割する手法がある。これだと大元の一つの魂によって、4人の人間を生み出すことができる。この4分の1分割された魂を、神道上「四魂」と言う。四魂は、その精神上の意味によって「荒御魂《あらみたま》」「和御魂《にぎみたま》」「幸御魂《さちみたま》」「奇御魂《くしみたま》」と呼ばれている。それぞれの意味は次のようである。

荒御魂……統一の精神
和御魂……愛着心の強い精神
幸御魂……向上心の強い精神力
奇御魂……最も進化した魂

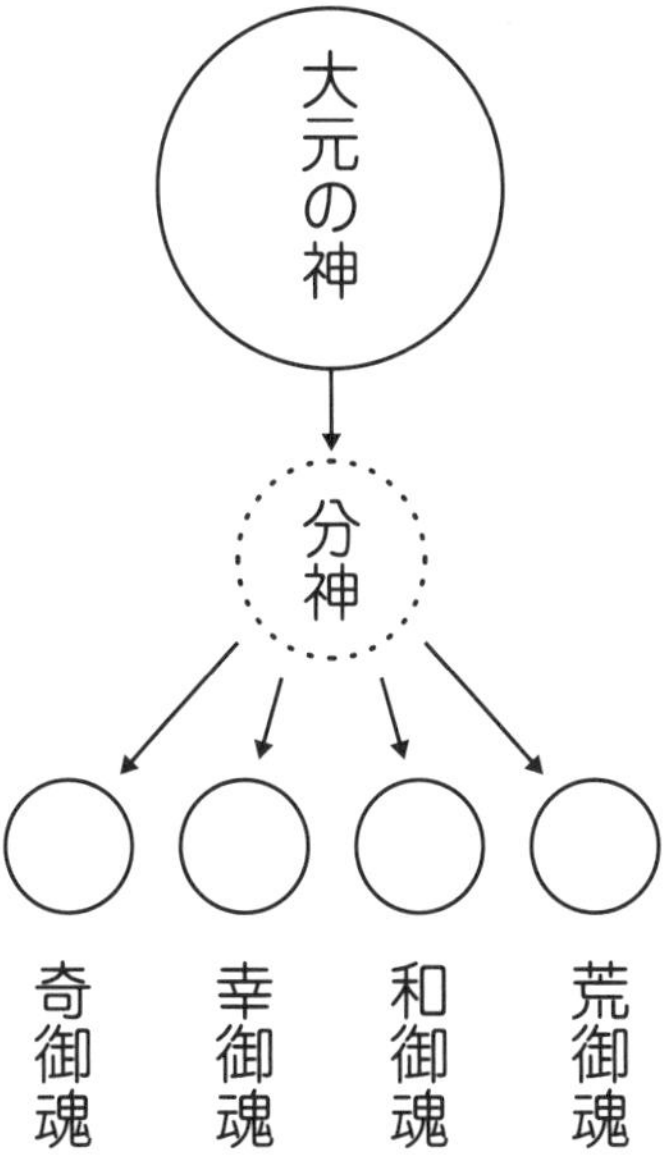

4人になった魂は、それぞれがその人生の目的ごとに、さまざまな生まれ方をする。一つの時代に、ほぼ同時に生まれてくるようなケースでは、4人が別々の国に生まれ、その時代の各国での人生を体験することがある。例えば、一人は日本で生まれ、一人はアメリカで生まれ、一人はヨーロッパで生まれ、もう一人はインドで生まれるというように。

一国で4人の魂が生まれるケースでは、その4人が別々の時代に生まれてくることがある。例えば、明治時代、昭和時代、平成時代、令和時代というように、それぞれが時間をずらして生まれてくる場合もある。一人の一生が数10年と限られているため、4人で1~2世紀の人間界を体験するのに良いシステムといえる。

全ての人々が四魂のどれかを持って生まれてくるのか、といえば、そうでもない。例えば、前節に登場した故荒深道斉先生は、四魂を全部持って生まれてきていた。つまり、四魂に分割する前の魂の状態で生まれていたのである。これは、道臣命が現代人に言いたいことがあって造った分魂で、その魂は「一つの目的」のためにだけ生まれてきたことによる。荒深道斉先生の魂はその肉体が終わったとき、道臣命に合流し、輪廻転生をしなかった。

一つの魂が4分割せずに、4人に生まれてくることもある。つまり四魂を持ったまま、4人に生まれることもあるのである。同様に一つの魂が2人に生まれてくることもある。この場合、2人は四魂を全部持って生まれる。

このように四魂をどのように持って生まれてくるかは、その人の人生の目的によってさまざまにあるのだが、概《おおむ》ね、多くの人々は四魂のどれかに属して生まれている。

さて、神武天皇は亡くなってすぐ、神界に戻ったのであるが、その後の世の中の推移がどのようになっていくかを確かめるために、魂を4分割して、各時代に生き続けている。それも連続して、時代ごとに人間を体験し続けている。つまり、いまだに輪廻転生中なのである。

第11代垂仁《すいにん》天皇の御魂は火火出見命であるが、神武天皇の魂とは別の火火出見命の分魂である。垂仁天皇の在位期間は、紀元前29年から紀元後70年で、0年をまたいでいる。垂仁天皇の息子が第12代景行天皇で、この天皇の魂は「野の神」の分魂である。この

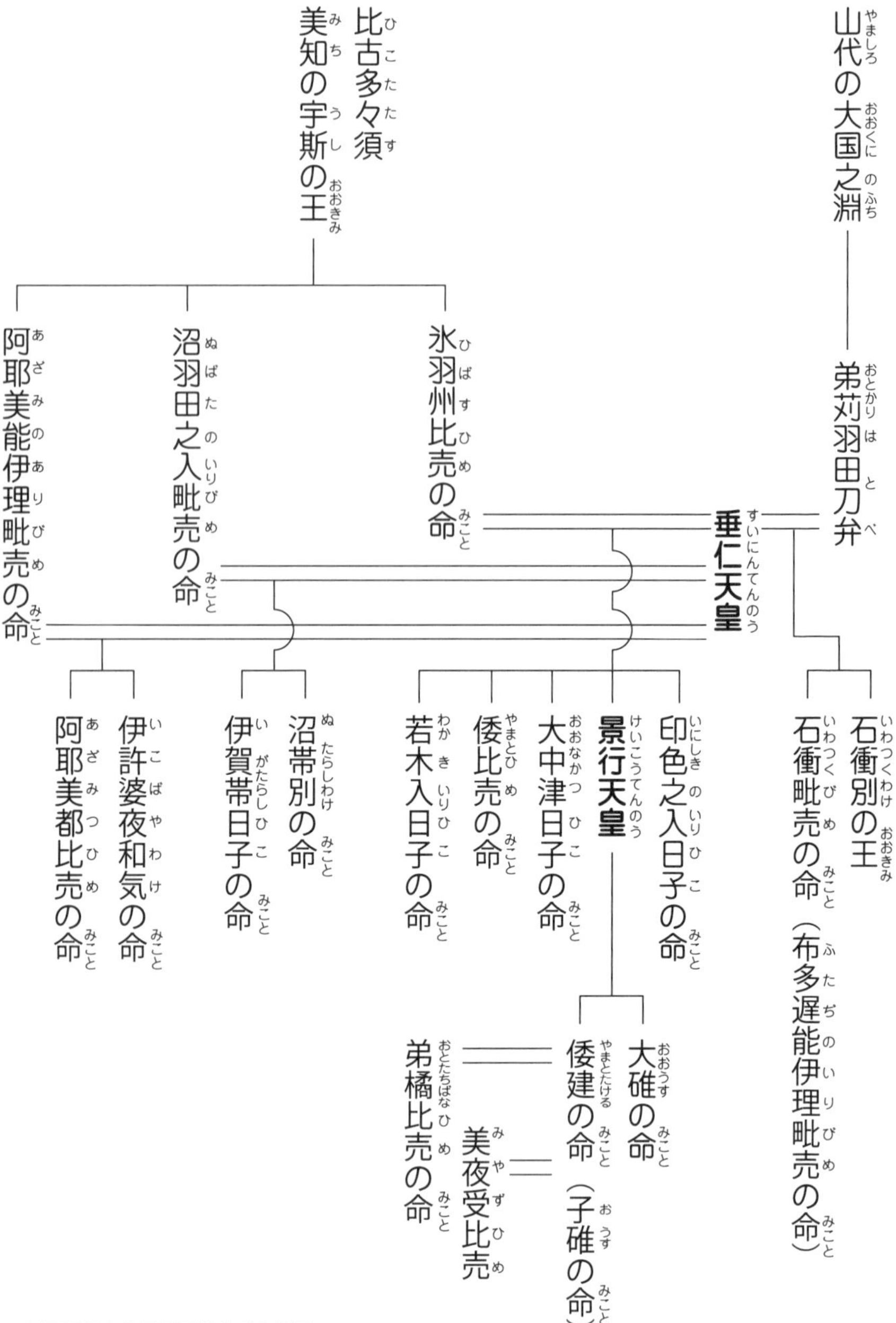

垂仁天皇から景行天皇までの係図

景行天皇の魂は四魂で4人の人間になり、現在も人間を体験中である。

景行天皇の妹に倭姫命《やまとひめのみこと》がいて、垂仁天皇の指示で斎宮《いつきのみや》に任命された。倭姫命は伊勢神宮の創建者であるが、奈良を出発して伊勢に行くまでの話は古文に詳しいので、ここでは省略する。この倭姫命は四魂のうちの一人として生まれている。大元の魂は宗像のたぎり姫神の分魂である。たぎり姫神は天照皇大御神の長女なので、倭姫命は天照皇大御神の孫にあたる。

倭姫命の魂は幸御魂、弟橘姫《おとたちばなのひめ》が和御魂、宮す姫が荒御魂、マリア（イエスの母）が奇御魂である。

ここで、弟橘姫は倭建《やまとたける》の妃で、相模湾に身を投じた女性。宮す姫は熱田神宮（愛知県）の創建者である。

倭姫命は垂仁天皇の姫として、紀元後30年頃に生まれている。マリアは今のイスラエルの地に、紀元前25年頃に生まれている。あとの2人は倭姫が生まれた数10年後に生まれている。

たぎり姫神の御魂分けの人間が、紀元前に日本以外の遠い国に生まれたことについて、「驚きのでき事」と受け取られるかもしれない。しかし、日本に祀られている神々は外国の諸事情を知るために、御自身の魂を外国人として生み成している。その逆もある。つまり、イタリア人やドイツ人たちの魂が、日本で日本人として生まれている例は、枚挙にいとまがない。

マリアは処女なのにイエスを生んでいる。その件について、ティアウーバ星人のタオさんは、

「インプラントでイエスを生み出した」と証言している。この話は、『超巨大「宇宙文明」の真相』に書かれている。インプラントは卵子と精子とを体外で受精させる技術で、2千年以上前にそんな高度な医療技術があったことを疑う方もいるであろう。しかし、タオさんたちは「肉体が老化する」ことを乗り越え、数万才の長寿を獲得した人種なのである。また、同時に人口をコントロールすることができている民族でもある。

イエスの魂は「大綿津見神《おおわたつみのかみ》」の分魂である。大綿津見神は天之御柱神の長男で、海に住む生命体（魚や魚介等）を造った神。福岡県の志賀海《しかうみ》神社に祀られている神である。大綿津見神は海に住む生命体を造ることが大好きで、人間に全く興味を示さなかった。

そこで、親神の天之御柱神が大綿津見神に言った。

「そういうことではいかん」と。

天之御柱神は大綿津見神に、人間に取り付ける魂の造り方を教えた。そのとき、大綿津見神は初めて、人間に取り付ける魂を造った。これをイエスに取り付けたのである。

「そのようにしろ」と天之御柱神に指導されたからである。大綿津見神はその後、12人分の魂を造った。この魂は後に、12使徒と呼ばれていった人々である。


タオさんの話が続く。

イエスは15才のとき、弟といっしょに家を出て東へと歩を進めた。当時、シルクロードという貿易路があり、隊商が東西の物質を運んで商売をしていた時代である。中国に辿り着いたとき、弟が病気で亡くなった。その後もイエスは東へと歩を進めた。朝鮮半島に入り、そこで舟に乗って日本に到着した。その地は現在の富山県高岡市付近であった。高岡に入ったとき、当時の朝廷支部に「通訳」として職を得た。そのとき、イエスは60才を越えていたという。

その後、イエスは東北地方に入り、青森で生涯を閉じた。そのとき、百才を越えていた。亡くなった地は、現在へライ村といい、そこにイエスの墓がある。

「そんなバカなー」と言う人がいる。

「イエスは十字架にかけられ、はりつけになったのではないか」と。

タオさんの話を続ける。

「ティアウーバ星人に役者がいて、イエスのそっくりさんを演じていた」と。十字架にかけられたイエスの像は、今でもティアウーバ星に保存されている。イエスが言うには、

「ぼくはヨーロッパで人間をしたことは一度もない。キリスト教が嫌いだ。十字架の像が嫌いでね。日本に来てからずっと東北地方で輪廻転生していて、前世は秋田県にある大きな神社で宮司をしていた」とのことだ。イエスは輪廻転生2千才ほどで、まだ神様になれるほど人間を体験していないのである。現在は北海道に生まれ、医師を目指して勉強中の中学生になっている。

三ノ三　輪廻転生

西暦０年を境に４人の才女を生み出した「たぎり姫神」の話によると、この四魂は紀元前数千年前に初めて人と化した魂であるという。つまり、倭姫命たちの魂は、神武の時代よりずっと以前から人間を体験していたということである。

奇御魂のマリアはイエスを生み成した後、トルコにしばらく住み、その後16世紀にはフランスに生まれている。そのときはレニエール・ド・サンレミという名で、ノストラダムスを生んだ。

その後、日本に帰り、日本各地で輪廻転生し、最近では大正7年に長野県南木曽町に生まれている。大変な才女であったようで、当時の村長から女子高校へ進学するよう、父母に説得があったという話が今でも残っている。その家は佐々木家であったが、この旧家は現在残っていない。おそらく江戸時代に建った家と思われる。

大正12年（１９２３年）11月5日に、伊勢神宮の一角に「倭姫神社」が創建された。ところが、倭姫命他４人の四魂はまだ輪廻転生の途中にいた。困ったのはたぎり姫神である。神々の協議により、倭姫神社の祭神は、とりあえずたぎり姫神が務めることになった。宗像大社や宇佐八幡の祭神をしながら、倭姫神社の祭神もしなくてはならなくなったたぎり姫神の忙しさは、想像を超えていただろうと察する。

大正7年に南木曽町に生まれた奇御魂の女性は、昭和27年11月11日に東京の江東区南砂町の家で病気により亡くなった。このとき、3人の男子を生んでいた。彼女は亡くなってすぐに伊勢に呼ばれ、ただちに倭姫神社の祭神としての修業に入った。そのときの教師はたぎり姫神であった。

通常、亡くなった人の魂は大国主命が預かり、浄化の過程を経て親神に戻すのであるが、このとき大国主命はこの過程を全部省略して、伊勢に行かせたという。倭姫神社の祭神を始めると、そこへ応援の神が現れた。玉依姫神である。玉依姫神は元々、天皇を守護するために生まれてきた神であるが、「倭姫神社の新米祭神」の窮状を見て、すけっとに入った。以来、新米祭神と玉依姫神が大親友となっていった。

この倭姫神社の新米祭神にはもう一神、応援の神が付いた。他ならぬ、水発《みつは》の女神であった。

「私、困っていることがあるのよネ〜。フランスに行くと、マリアと間違えられているのよ〜」と。水発の女神は泉の女神であるが、ルルドの泉の神でもある。それでマリアと間違えられているとのこと。フランス人はルルドの泉の神、水発の女神をマリアと誤解しているのである。

「私、クリスチャンじゃないのよネ〜」

幸御魂の倭姫命は最近まで人間を続けていたが、２００５年（平成17年）２月６日に北九州市で病気で亡くなった。この方は亡くなってから3年間、その魂を大国主命が預かり、浄化を行なった。その後で伊勢に戻された。つまり、２００８年の正月に倭姫神社に入り、神業を始めた。そこには昭和27年に倭姫神社に入った先輩が居て、この先輩マリア（奇御魂）が幸御魂の教師となった。

２００９年８月、奇御魂と幸御魂が合流した。つまり魂の二つが一つになった。合流した魂は「倭姫神」と名乗り、完全に倭姫神社の祀神となった。

荒御魂の宮す姫はずっと日本で輪廻転生を続け、20年ほど前に亡くなった。その後、この魂は２０２０年に倭姫神社に入り、倭姫神に合流した。

和御魂の弟橘姫もずっと日本で輪廻転生を続けていたが、10年ほど前に亡くなった。

東京の大会社の社長夫人をしていた。この魂は２０２３年に倭姫神社に入り、倭姫神に合流した。

元が一つの魂が４人の人間に分かれて生きる手法は、人間と人間社会を学んでいくのに非常に便利ではある。しかし、その一方、遠い地域と時代ごとに別々に生きている４人の魂が元の一つに戻り、神の世界に戻ることは大変困難である、ということがわかる。伊勢神宮内に倭姫神社が創建されて以来、百年ほどが過ぎている。しかし、倭姫の魂が倭姫神社に入ったのはつい最近のことだったのである。彼女はまだ輪廻転生の途中であった。奇御魂のマリアが先に倭姫神社に入っていたので、実現できたことであった。他の２人、荒御魂、和御魂の２人は２０２０年と２０２３年に倭姫神社に入り、倭姫神に合流した。四魂が一つの元の魂に戻った。

第14代仲哀《ちゅうあい》天皇の魂は、「水発の女神」の分魂である。在位期間は、紀元後１９２年から２００年と短かった。天皇家に生まれる前、数千年にわたり人間を体験していたが、四魂の一人（奇御魂）として生活していた、と水発の女神様が解説してくれた。

天皇としての人生が終わった後も、最近まで輪廻転生を続けていた。最近の人生は、北九州市の職員としての仕事が最後であった。その仕事というのは、北九州市全体をうるおす水道水の浄水池を管理することであった。

彼は若い頃、友人の引っ越しを手伝っていたとき、腰を痛めた。背骨と腰との接点付近がずれた。年老いてから、古傷が表面化し、歩くことが困難になっていた。外出に行くときは、いつも巾広のゴムバンドで腰の周囲を縛っていた。医者には通っていたが患部を治せる医者は居なかった。

２００９年になつひこの神のヒーリング技術により、患部は正常な形に戻った。以来、元気を回復した。その後、天寿をまっとうして２０１１年１月11日に亡くなった。先に亡くなっていた彼の妻は、倭姫命の魂の人である。彼は亡くなってから百日後、しなつひこの神に弟子入りした。目的は、神界のヒーリング技術を学ぶためであった。

通常、肉体が亡くなると大国主命の霊界に入り、今世の浄化を行なった後、その魂の親神の元へ帰るというプロセスを経るのであるが、全部省略となった。大国主命によると、

「すでに輪廻転生が長くて、神界のことを良く知っていたから」という話であった。生存中に腰痛を治してもらった体験で、ヒーリングのすばらしさを知った。そのため、亡くなった後に神界のヒーリングに非常に興味を持っていた。親神の水発の女神様も、しなつひこの神の弟子になることを推めた。このような事情が重なって、仲哀天皇の魂は、自分の魂とは関係がない他の神様に弟子入りしたのである。こんなことは人類の歴史上、初めての事態であった。

それから7年後、２０１８年正月に仲哀天皇の魂は、水発の女神の元に返された。すると、奈良の川上神社（主祭神は水発の女神）には仲哀天皇の魂の他の3分魂が待っていた。そこで四魂は一体となり、元の水発の女神の分神に戻った。仲哀天皇の魂は輪廻転生を終えた。

この分神はヒーリングの神様となり、水発の女神の分魂を持つ人間たちのヒーラーとなっただけではなく、水発の女神の姉神、白山姫神や、妹神の瀬織津姫神《せおりつひめのかみ》たちの分魂の人々たちのヒーラーも兼ねていった。さらに、水発の女神の親神、面足神《おもたるのかみ》の分魂の人々のヒーラーにもなっていた。面足神の分魂の一人に、アメリカ大統領のバイデンがいる。このバイデンのヒーラーも、引き受けることになった。

白山姫神、水発の女神、瀬織津姫神たちは御自身の分魂の存在たちに働きかけ、神霊界のヒーラー希望者を募っていった。その結果、２０２３年の夏には64人のヒーラー専門官によるヒーリング・チームとなっていった。そのヒーリング・チームのリーダーは、元仲哀天皇を体験したヒーリングの神様である。

このヒーリングの神様は、川上神社を拠点とした。したがってヒーリング・チームの拠点も川上神社となった。

仲哀天皇を神として祀る神社は、福岡市にある。この天皇は福岡に出張中に亡くなったからである。ところが、元仲哀天皇のヒーリングの神は、その神社に行こうとしなかった。人間のヒーリングを非常に重視しているからである。そこで水発の女神は、仲哀天皇を祀る神社に御自身の「お代理様」を造って、それらの神社の祭神としている。

仲哀天皇の息子は15代応神《おうじん》天皇となった。在位期間は、紀元後２７０年から３１０年頃であった。仲哀天皇は紀元後２００年頃に亡くなっているので、その直後から70年の間は空白の時間が流れているように思える。しかし、その期間は、仲哀天皇の妃が天皇を務めていた。その妃とは、神功《じんぐう》皇后のことである。仲哀天皇が亡くなったとき、神功皇后は身籠っていた。仲哀天皇が亡くなった後、神功皇后は男子を生んだ。その誕生の地は福岡市の付近で、「うみ町」という。後に応神天皇となったこの男子は、「福岡県のうみ町」で生まれていたのである。

神功皇后の魂は、宗像大社の祭神「たぎり姫神」の分魂である。伊勢の倭姫神の祭神「倭姫命」もたぎり姫神の分魂であるが、この倭姫命と神功皇后の魂とは別々の時代に生まれている。倭姫命のほうが古い魂である。

応神天皇の魂は八大龍王の分魂である。八大龍王という神は第二章三節に書いたように、今からおよそ1万2千年ほど前に八島地主神が生み成した神で、この神は地球と創造主との間を往復するために生まれてきた神である。八大龍王自体が若い神なので、八大龍王が生み成した魂を持っている人たちも、まだ輪廻転生が短い人たちである。応神天皇の魂は現代でもまだ人間を体験中で、この天皇を祀っている神社に応神天皇は居ない。

三ノ四　不在神神社

福岡県の福津市に宮地嶽《みやじだけ》神社がある。福津市は玄界灘に面し、宗像市の南西にある。宗像大社と宮地嶽神社は直線距離で7～8キロと、かなり近い所にある。宮地嶽神社の祭神は神功皇后である。

神功皇后の魂は、宗像大社の祭神、たぎり姫神の分魂で、この魂は神功皇后として生まれてきたのが初めての人生であった。つまり、神功皇后は生まれてから今まで1800と数10年が過ぎているところである。四魂を全部持って生まれている。そこのところは倭姫たちと違う魂である。

宮地嶽神社は今からおよそ1700年前に創建された、と社史に書かれている。ということは、神功皇后は初めて人と化し、その最初の人生が終わって、しばらく後に宮地嶽神社に祀られてしまった、ということである。

そこで、神功皇后の魂に私は、

「宮地嶽神社の祭神になっていますか」と質問してみた。すると、

「私は今まで、宮地嶽神社に行ったことがありません。なぜなら、まだ神様になって

いませんから」という答えが返ってきた。つまり、神功皇后の魂はまだ輪廻転生中なのである。現在は天照ヒーリング・チームの一員となり、その拠点たる春日大社に居る。ボスは道臣命である。

つまり、宮地嶽神社に祀られているはずの神功皇后の魂は、その神社には居ない。したがって、宮地嶽神社には神がいないということになる。不在神神社である。

一度人間を体験した魂は、一万年かそれ以上の長い年月の間、輪廻転生を繰り返し、あらゆる仕事や人間関係を学び終わってからやっと神になる。神となった魂は親神の仕事を手伝うか、あるいは親神に吸収される。

宗像大社のたぎり姫神から宮地嶽神社を見ると、目と鼻の先にこの神社があり、その神社で何が行なわれているか、刻々の状況は宗像大社から見えている。したがって、宮地嶽神社での対応はいつでもできているのであるが、念のため、担当者を宮地嶽神社に置いている。その担当者は、たぎり姫神が生み成した、人間の魂という存在である。人になるために準備中の魂、つまり輪廻転生の最中に魂だけの存在になっている人を関係の神社に置いて神業をさせているのである。

大分県の宇佐市に宇佐神宮がある。神武が生まれる前から存在していた神社で、祭神は宗像三女神である。

紀元後571年に、この境内にある池に龍神が現れた。

「われは誉田《ほんだ》天皇広幡《ひろはた》八幡磨呂なり。我名をば護国霊験威力神通大自在王菩薩と申す。われをここに祀れ」と言った。ここで誉田天皇云々という名は、第15代応神天皇の亡くなった後の名前である。応神天皇は紀元後310年頃に亡くなったので、その後260年ほど経って、宇佐神宮の池に龍が現れたということになる。

応神天皇は天皇となったときに初めて人と化した魂で、しかも四魂のうちの一魂として生まれていた。その魂は八大龍王の分魂である。人として生まれた魂が、300年ほどで神になるはずがない。そこで、「池に現れた龍はどういう神か」とその神に聞いたところ、

「八大龍王」と答えが返ってきた。八大龍王は自分の御魂分けの故人の名を騙《かた》って、あたかも応神天皇の魂であるかのように演じたのである。そうとは知らず、宇佐神宮の関係者は応神天皇の魂を「八幡大神」としてこの神を祀った。それと共に、応神天皇の母親、神功皇后の魂も神として祀ることになった。そこで神功皇后の魂に、

「宇佐神宮で祭神を務めたことがありますか」と質問したところ、「ない」との返事であった。まだ神になっていない魂だからである。しかし、宇佐神宮「乗っ取り」に大成功した八大龍王は、日本全国に「八幡社」を造らせ続け、現在ではその数3万社以上で、日本一多い神社になった。全国の八幡社を造った人々は、八大龍王の御魂の人々が大変多い。これらの神社を守り続けている人々も八大龍王の御魂の人々が大変多いと思われる。その人々は、輪廻転生がまだ短い人々ばかりである。つまり、応神天皇が亡くなった後に作り出された人々だからである。その応神天皇の魂は四魂に分かれて、まだ人間を体験している真最中である。一般の市民として普通の生活を送っている。どういうわけか、皆、北九州市で生まれている。

福岡県の太宰府市に太宰府天満宮がある。祭神は「学問の神、菅原道真《すがわらみちざね》」である。菅原道真は平安時代の末期に京都で生まれ（紀元後845年）、太宰府で亡くなっている（903年）。亡くなってからまだ1120年。道真の魂は宗像のたぎり姫神の分魂で、紀元後400年頃、初めて人と化した。つまり、神功皇后より後に生まれている人である。まだ神になっていない。現在四人に分かれて人間を体験中である。

例によってたぎり姫神が、御自身の分魂で神業中の魂を、天満宮の担当者として派遣している。京都の北野天満宮にも、たぎり姫神の分魂が派遣されている。太宰府にしろ北野にしろ、参拝者が大変多い。たぎり姫神の分魂だけでは対応できない。

「そこで、天照皇大御神の分魂の方々が、神業としてそこに派遣されている」と書き加えるようにと天照皇大御神より指示有り。亡くなって魂だけになっている存在たちは、

「生きていたときより忙しい」と皆思っているに違いない。

「自分は道真《みちざね》でないし、次の人生をアレコレ考えているところなのに〜」と。

歴史上、有名になっている人物を神として神社に祀ることは問題が多い、ということがわかる。その人物の輪廻転生を妨げることになるばかりでなく、その神社に参拝する人々に迷信を与えてしまうことになる。

「人間、死んだら神になる」という話は間違いである。何度も書くが、一度人間を体験した魂は一万年前後、あらゆる職業を体験した後、「もうこれ以上、人間になる必要がない」と本人、ならびにその親神が認める場合に限り、神界に戻ることができる。神界に戻った魂は親神の元に返るが、そこでは親神の仕事を手伝うか、あるいは親神の中

に吸収される。

魂によっては数万年、人間を体験している人もいる。いつまで経っても神という存在を感じられない人のことである。どこか感性に問題があるに違いない人で、これはヒーリングの対象となる病気持ちだ。どこが病気なのかといえば、それはオーラの第7層に欠陥がある魂である。そのような欠陥は、近年、その魂の親神がヒーリングの技術によって治せるようになった。

「人間、死んだら出雲の霊界に入る」

そこで徹底的に今生の浄化が行なわれる。その浄化期間は人によって異なる。百年以上かかる人も居れば、数年で終わる人も居る。出雲の霊界の玄関先で亡くなった旨の報告だけで、親神の元へ帰される魂もいる。事情はその魂の体験によって決まる。

魂は見えないから無い、と言う人は、死ぬとわかる。「自分はまだ死んでない」と叫んでいるが、家族が葬式をしているのを見て、やっと「肉体が死んだ」と理解することになる。

室町時代の戦乱の世を終わらせ、江戸幕府を開いた徳川家康は、亡くなった後に日光東照宮に祀られた。徳川家康の魂の親神は、天之床立神である。天之床立神は創造主の分神として初めて生まれた神、銀河系を造っている神である。その仕事の関係上、地球に長い間、留まるということはない。したがって、御自身の魂の人間の守護は、国之床立神に頼んでいただろうと思える。

日光東照宮に神として祀られた家康の魂は、神になっている場合ではなかったらしく、歴代の徳川将軍の守護をしていた。つまり、亡くなった後は、江戸城にずっと居た。明治時代に入ると、徳川家に生まれ、再び人間となっている。徳川家は現在でも東京に家がある。その当主が徳川家康の魂、その人である。江戸時代が終わったとき、その後の社会がどのようになっていくか、実際の人間になって体験しているのである。生まれてから約５００年ほどの輪廻転生の長さでは、まだ神にはなれない。

では、日光東照宮の主催神はどなたか。その神は天之床立神の分神である。その分神は人間を体験していない存在である。「お代理様」ともいえる。

天之床立神は出雲大社にも祀られている。そのことは出雲大社に行くと知れる。天之床立神を祀る神社は他にもあり、このような日本の神社信仰のために、天之床立神が「お代理様」を派遣しているのである。

このように見てくると、輪廻転生中の魂が人間に生まれることを中止して、神の世界に入るということはいかに大変な事態であるかがわかる。イエスを生んだマリアが倭姫神社に入り、さらに倭姫の魂と合流して、倭姫神社の祭神になったことは奇跡的なでき事であった。

ヨーロッパに、ノートルダム大聖堂がある。クリスチャンの教会堂である。ノートルダムとは貴婦人という意味で、その貴婦人とはイエスの母、マリアのことである。そのマリアは伊勢神宮の倭姫神社の祭神となっていて、ノートルダム大聖堂の神になっていない。マリアは宗像大社の「たぎり姫神」の娘なので、クリスチャンになっていないのである。イエスも日本で輪廻転生を続けており、クリスチャンになったことがない。

バチカン（ローマ）を初めとして、クリスチャンの教会堂に神はいないということなのである。では、誰がキリスト教の教会堂で神をやっているのか、それが問題である。歴代のローマ法王たちが、魂だけになって、それらの教会堂で「神を務めている」ということなのである。彼らはまだ、神になっていない。歴代ローマ法王たちの魂の親神はそもそも誰か、と言うと、天之御柱神、その分神たちのどなたか、大国主一族のどなたか、水発の女神さんの分魂、天照皇大御神の分神の方々……。一人一人書き出すと、一冊の本になりそうだ。

イギリスの故エリザベス女王の魂は天照皇大御神の分魂で、倭姫たちのずっと後輩である。

第四章　神々の働き

四ノ一　観音様

『超巨大「宇宙文明」の真相』の原著者は、ミッシェル・デマルケという人で、オーストラリアに住んでいたフランス人であった。M・デマルケは数年前に地球人としての輪廻転生（1万5千年ほど）を終わり、魂は故郷の星に帰った。その星はティアウーバ星である。ティアウーバ星に戻ったM・デマルケの魂はタオさんに吸収された。つまり、M・デマルケの魂はタオさんの分魂で、この本を書くために、フランス人として生まれていた。

そのタオさんは、２０１８年正月にティアウーバ星の最高責任者の一人、タオリに任命され母星に帰った。「帰った」というのは、帰る前は日本にずっと居たからである。日本で何をしていたのかというと、「観音様」として居た。しかし、タオさんはその観音様を神として祀っている諸施設（お寺など）で神業をしていたのかと問えば、答えはNOである。

「自分はまだ神になっていないから」と、タオさんは言っていた。そのタオさんは、いつもしなつひこの神といっしょに居た。つまり、伊勢神宮の「風日祈宮《かざひいのみや》」に居ることが多かった。「風」という漢字の当て字は、「間違っているぞ」としなつひこの神が言っていた。「翳す」が正しいのだと。つまり、「翳日祈宮《かざひいのみや》」と書くべきである。

「ワシは風の神ではない」としなつひこの神は言っていた。ティアウーバ星人は、しなつひこの神が造った人類である。しかも、タオさんの魂はしなつひこの神の分魂である。つまり、タオさんは親神の元で神業中であった。そのしなつひこの神はヒーリングの名人であったが、タオさんのヒーリングも大変すばらしかった。先天性身体障碍《しょうがい》者の人を何度も治した。

タオさんだけでなく、ティアウーバ星人は皆ヒーリングができて、互いにヒーリングをするので病院が必要ない。

昭和27年11月に亡くなった元マリアの人の魂が倭姫神社に入った後、彼女は伊勢神宮内でタオさんといっしょにいる機会もあった。そんなとき、マリアのインプラントの話も聞かされたに違いない。2000年も前のでき事である。

そのタオさんは今から1万年ほど前に、創造主から「地球人の指導」を頼まれていた。イエスが生まれた経緯はその一つであった。

地球人同士の戦いはその後も続き、今も戦争が絶えない。タオさんは責任を感じ、親神の元に来ていたと考えられる。タオさんはM・デマルケだけでなく、他にも御自身の分魂を地球人の中に送り込んでいる。そのうちの一人が臼井甕男《うすいみかお》先生である。臼井先生は昭和の初め頃に亡くなっているが、関東大震災のときに大変多くの人々をヒーリングによって助けた。臼井先生の魂はティアウーバ星に帰らず、ずっとしなつひこの神のヒーリングを手伝っていた。その居場所は、伊勢の翳日祈宮である。2018年4月に臼井先生の魂は神になった。同時に、臼井甕男神の居場所も翳日祈宮と決まった。この神はしなつひこの神の孫神ということになる。

前述のように、ティアウーバ星には7人の指導者が居て、「タオリ」と称される。その代表者は「タオラ」という役職名で呼ばれている。タオラは大統領というような意味である。タオラさんは日本に来ている間、年1回開かれる出雲の神々の会議にはオブザーバーとして参加していた。

2018年にタオさんがティアウーバ星に戻った後、出雲の会議にはタオラが参加するようになった。そのタオラにも地球の文明を体験させるためである。同じ意味で、タオリもその分魂を地球人の中に置いている。それだけでなく、一般のティアウーバ星人たちも、その魂たちが地球人を体験している。つまり、かなり多くのティアウーバ星人たちの魂が地球人として体験中である。その方々の守護神が、臼井甕男神である。

地球人を体験しているティアウーバ星人の魂たちは、特に地球人に対して啓蒙運動をしているわけではなく、極く一般的に存在している人々と同様の生活ぶりである。その一生を終わると、臼井甕男神の手伝い、つまり神業に入るか、あるいは母星へと帰る。母星へ帰った魂たちは、タオリたちに地球での生活を報告するが、一様に、「ひどい文明だ～」と言っている。人類が作り出す文明の最低レベルが地球文明であるからである。

タオさんは今、3万才を少し越えた。これは地球人的な輪廻転生の長さのことではなく、生まれてからの年齢である。ティアウーバ星人は人間としての肉体の老化現象を克服し、死なない人類となっている。タオさんクラスになると、御自身の肉体を波動に変化させることができるようになる。肉体を持たずに魂だけで行動することができるのである。もし、どうしても必要な場合は、オーラを肉体化し、元の人間の形に戻ることもできる。

ティアウーバ星人の文明は、「人類としてはこれ以上発展はない」レベルの文明になっている。こうした高度な文明を持つ人々が、地球人となってその人生を始めると、元の文明とのギャップがあまりにも大きすぎて、地球人としての生活がうまくいかないケースが非常に多くある。そのような人々の病気は、ヒーリング技術で治すことはできる。しかし、「地球文明適応障害」を根本的に治すことはできない。こうした人々には、もし経済的に問題が無ければ、遊んで暮らすことをお勧めする。


創造主が「地球人の指導」を頼んだ人類が、ティアウーバ星人以外にも存在している。この星の人々は「クラリオン星人」と呼ばれている。クラリオン星は北斗七星の一角にある惑星で、元々の人種はシリウス星人である。つまり、男女別性の人種で、これは天孫民族と同様である。クラリオン星人の神様は地球に来ており、妙見様といわれている。妙見神社の祭神である。

クラリオン星人は生命体にあるＤＮＡ（遺伝子）を工夫して、人類に役立つ仕事を多くしている。例えばジャガイモやトマトを改良して人の食料にするなどである。ティアウーバ星人と同様、頭が良い。「地球次元適応障害」を起こしている人は居ないように見える。

ティアウーバ星人は両性具有民族であるが、クラリオン星人は男女別性の民族である。この差が地球人として生きるときの難易差を生み出していると考えられる。

最近、国会で「ＬＢＧＴ」法が可決された。この法律に関して、神々は皆「反対」を表明している。「地球人として輪廻転生している魂は、男も女も体験しなければならない。その中間は無い」と言う。

男性として生まれているのに女性の形ばかり追求している人について、神様からヒーリングを頼まれることがよくある。その逆のケースでも、ヒーリングを頼まれる。このような場合は、その人のオーラの第３層、つまり精神体をヒーリングし、元の性に戻す。

歌舞伎役者の「女形」はそれ自体芸術的表現であって、普段は男性として生活をしているので、問題は何も無い。

四ノ二　仏教を造った神

今からおよそ1万2千年前に生まれた神、八大龍王は、2500年ほど前に初めて人間に宿る魂を造った。その人は、「釈迦」である。釈迦はインド北部で生まれた。釈迦の死後、八大龍王はインドとその周辺の国々に大変多くの分魂を造り、仏教を興させていった。仏教は中国と朝鮮半島を経由して、紀元後538年に日本に到来した。

その後、奈良を中心に大きな寺院が次々に建立され、日本全国に広がっていった。小さな村落にも一つは必ずお寺がある。そのお寺の住職や、仏僧には八大龍王の魂の人々が大変多い。八大龍王の分魂の人は、お寺の数よりもっと多い。

「お釈迦様」は今から2500年ほど前に生まれ、いまだ輪廻転生中である。八大龍王の話によると、

「釈迦は亡くなった後、インドやその周辺国に生まれ、仏教を興す話を作り続け、中国に生まれると、そこに仏教を広げた。釈迦の魂が日本に生まれてきたのは、『法隆寺を建立した関係者』としてであった。

その後、釈迦の魂は日本で人間を体験し、1200年代に『親鸞』となって生まれた。

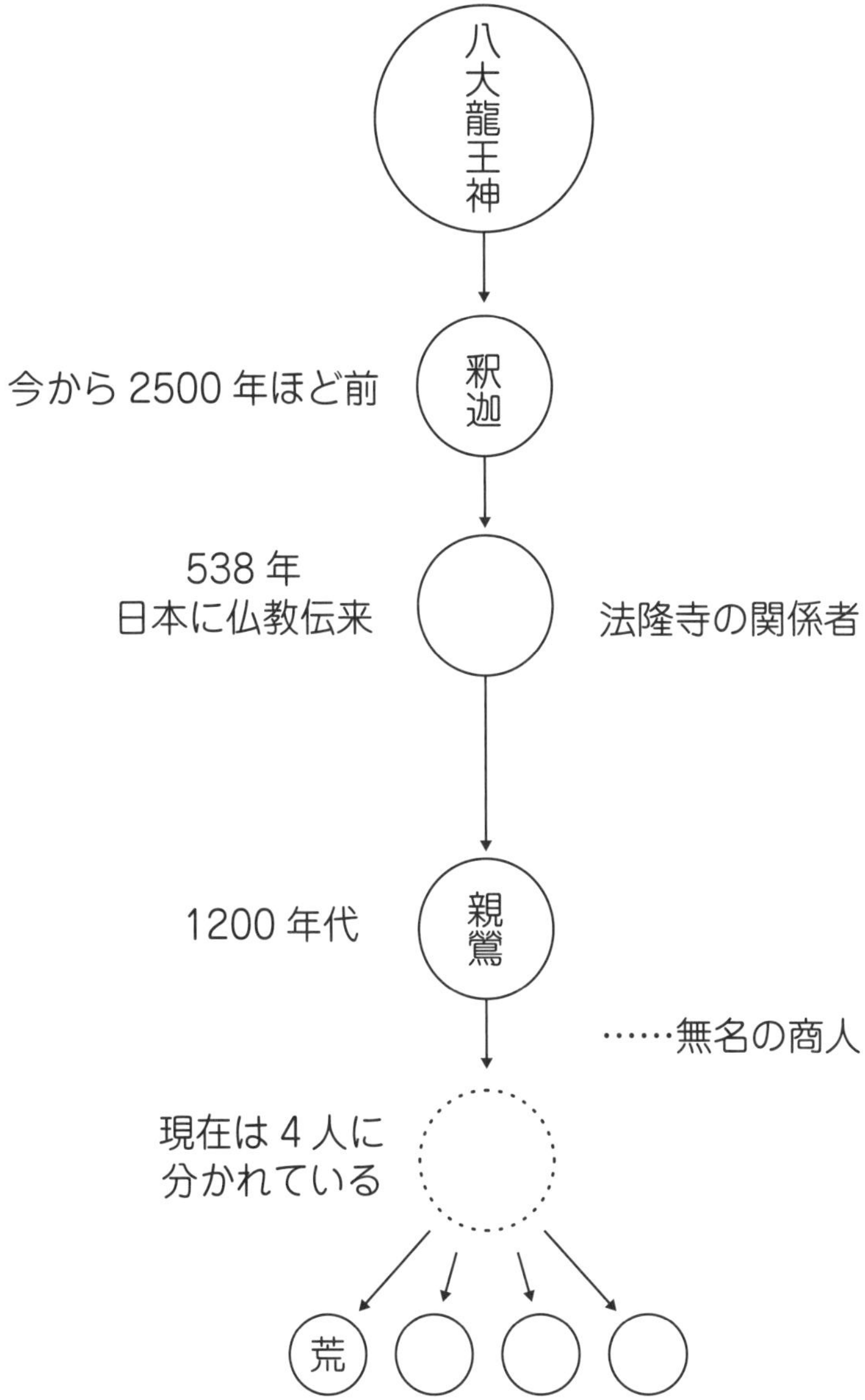
八大龍王神
今から2500年ほど前
釈迦
538年
日本に仏教伝来
法隆寺の関係者
1200年代
親鸞
……無名の商人
現在は4人に
分かれている
荒

その後は普通の日本人として四魂に分かれ、さまざまな人生を体験し続けている」とのことである。亡くなった親鸞の人間の魂は、そのつど大国主命が主宰する霊界に入り、そこで浄化の過程を経て人間になる。

親鸞の魂とは釈迦の魂のことなので、釈迦の魂を持っている人は、亡くなると大国主命の霊界に入る、ということなのである。この話を読んだ拙著の読者の仏僧が大変びっくりしていた。

「そんなことは教えられていない」と。仏教者は、お釈迦様は神様と同様の地位にあると教えられているので、びっくりするのも無理はない。その仏教者は、「人間、死ぬとその魂は天国に行く」と人に教える。ところが、その天国は存在していない。人が死ぬと、その魂は出雲の霊界に入る。この意味で、大国主命は別名「幽世の大君《かくりよ》」と呼ばれている。

仏教者は大国主命の仕事がそもそも何であるかを知らない。「教えられていないから」というわけである。

人が死ぬと、その人の魂の親神がすぐにその人のところに行って、魂を迎える。そこでその人は、「魂があること」と「その魂には神がいる」ことをただちに理解することになる。したがって、仏教者であろうとも、このことは例外がない。一生かかって勉強した仏教の教えの中に「違う」ことがあることを、一瞬で理解することになる。

親神に迎えられた魂は、やがて大国主命の「お代理様」に引き渡される。そこから先は他の人々といっしょに、浄化の過程を経て親神の元へと返される。何度も輪廻転生を繰り返している魂の中には、一日、出雲の霊界に居て、翌日には親神の元へと返される存在もいる。しかし、八大龍王の御魂の人々は、例外なく、出雲の霊界に居る時間が長い。八大龍王自身が非常に若い神であるからである。お釈迦様もまだ2500年くらいの輪廻転生の長さで、あと5～8千年ほども人間界を勉強しないことには神様にはなれない。

仏教の一派を作った「日連（日連宗の祖）」は天照皇大御神の分魂である、と八大龍王が証言している。その日連は輪廻転生中で、今は一般の人と同じように生活している。仏教を日本全国に普及させていく過程で、八大龍王は日本に祀られている多くの神々を巻き込むことに成功している。

宇佐神宮を乗っ取った八大龍王は、仏教と同じように全国津々浦々に「八幡社」を造らせることにも成功した。「神仏混交」の思想を普及することに大成功したのである。お寺の住職が同時に神社の神主である状態は、明治時代まで続いていた。彼らは着替えに忙しかったであろうと想像できる。お寺の隣に神社があった。その神社は八幡社が多かったであろうと思える。

「お寺の住職が同時に神主」という状態を禁じたのは、明治天皇であった。お寺はお寺、神社は神社として分離したのである。お寺は仏教という宗教であって、神社は神を祀る施設として宗教から切り離された。この法律は実に「大正解」であったと私は思うのだが、戦後、マッカーサーが「神社を宗教法人にせよ」との命令を発し、以来、神社は「宗教法人」にならざるを得なかった。したがって戦後生まれは、「神社は宗教である」と洗脳されていった。だが、神社は宗教法人とすべきでない。

「神社は宗教をしていない」というのが事実である。「ここの神社は〇〇の神を祀っています」というが、その他の精神的教えを人々に強制していない。何ごとかを信じろとは言わない。つまり、宗教ではない。宗教には必ず、教祖（人間）が居るが、神社には教祖が居ない。神様が居るが。本当は「神社法人」とすべきである。

仏教の普及と八幡社の普及に大成功した八大龍王は、得意満面で、日本に祀られている神々を見下すようになっていった。そして、戦後も多くの宗教教団を作り続けていた。中にはその教祖が、犯罪集団の団長として死刑判決を受けた事件さえあった。その人たちは、八大龍王の分魂たちであった。

２０１０年秋に、八大龍王の行なってきた多くのでき事が破綻する事件が起き（不祥事発覚）、他の神々から責任追及される事態となった。これに関する八大龍王の反応は、「全ての役職を辞する」辞表を神々に提出する事態になっていった。全ての役職とは、お寺の守護神や八幡社の祭神、その他の役職を全て辞めることを意味する。以後、八大龍王は、毎年10月末に開催される出雲の神々の会議に招かれない神となっていった。

「不祥事発覚」により「全ての役職に辞表を出した」八大龍王のニュースは、高御蔵に居た八嶋地主神やその分神下照姫神にも届いた。八嶋地主神は八大龍王の親神、下照姫神は姉神である。二神はこのニュースを聞いてただちに地上に降りた。ことの次第を聞いた二神は、自分たちに何かできることはないかと他の神々と協議に入った。

同時に、八大龍王に考えられるアドバイスを全部与えた。しかし、八大龍王はそれらの助言を全て断った。大国主命は八嶋地主神と下照姫神に、出雲大社の祭神として神業をしてもらえないだろうかと提案した。すると、この二神は、

「自分たちは人間の魂を造ったことがなくて、つまり、人間を体験していないため、出雲大社に入っても何の役にも立てないだろう」と言って、出雲に入ることを断った。


2013年5月に、60年ぶりに創造主が地球を訪れた。この年、創造主が最も気にしていたのはイタリアのベスビオ火山の活動に関する件であった。八大龍王は元々、地球のようすを創造主に報告する役として生まれた神であった。

この年は、創造主を地球のあちこちに案内する仕事があった。創造主は地球に来て早々、八大龍王を供ってベスビオに行った。その結果、ベスビオの火山活動が起こらないことを発見した。創造主はなぜベスビオが活動を始めないのかを、詳細に調べた。すると、ベスビオの地下にあるはずのマグマが岩盤になっており、それも1998年の末から毎年、下から上がってくるマグマが次々に層状に岩盤に作り変えられていることを

発見した。

創造主は、こうした作業をどのような神が行ったかも調べ、その神様を特定した。しかし、その神を呼び出して叱ることはしなかった。

「くによし、ノストラダムスの預言は終わったぞ」とだけ私に言った。そのとき、私の仕事も終わったことがわかった。そこで私は明窓出版に、

「ノストラダムスの関係する本は全部、絶版にしてくれるように」と頼んだ。

２０１３年12月、創造主が宇宙の中心に戻る日が来た。その日、創造主は私に、

「ヒーリングは大変重要な仕事だぞ、今後とも続けよ」と言い残した。次に八大龍王に向かって、

「自由にしてよい」と言った。そう言われた八大龍王は大喜びしていた。

「今後は、報告役をしなくていいんだ。自由にしていいんだ」と。

次の年の秋、八大龍王はしょんぼりして、「自由にしてよい、という創造主の言葉はクビにされていたんだ」と言った。八大龍王の根本的な仕事、それを止めさせ、あらゆる神としての仕事を解雇されたことを、ようやく八大龍王は知った。

一方、八大龍王の親神は元居た高御蔵に戻り、続いて下照姫神も高御蔵に入った。このとき、下照姫神は、ヨーロッパの神たる「月の女神」をいっしょに高御蔵に連れて行った。月の女神は、ベスビオの活動に恐怖を覚え、日本に逃げていたのである。そのヨーロッパでは、月の女神に代わってアポロンがヨーロッパ全体の守護神になっていた。アポロンは、水発の女神の分神である。

神々は、八大龍王が持っていた役職をどうすべきか協議を続けていた。その結果、お寺の守護神は大国主命が引き受けることになった。

全国に展開している「八幡社」の運営は、天照皇大御神と大国主命とが協同で運営することになった。元々、宇佐神宮には宗像三女神が祀られていたからである。

「ありがたい神でね」と、天照皇大御神が大国主命のことを言っている。

完全に「無職」となった八大龍王は、地球上のいたる所に造った、自分の分魂の人間たちの守護もやり切れず、世界中をウロついている。立ち寄る場所も無くなった。「八大龍王立ち入り禁止」措置が講じられているのである。

仏教の話をすると、どうしても空海のことを書かざるを得ない。空海の魂は創造主の御魂分けで、今その魂は、創造主の元に帰っている。

四ノ三　神々との対話

『神との対話』（サンマーク出版）の著者、ニール・ドナルド・ウォルシュは、アメリカのオレゴン州に住んでいた。彼の魂の親神は「すくなひこなの神」で、この神様は「人類創生プロジェクト・チーム」の一員である。また、大国主命のアドバイザーでもある。

日本に祀られている神が、外国に御自身の魂の人間を置いていることは大変多い。

日本に祀られている神々は、世界中に御自身の魂の人間を置いている、と言ったほうがよい。故エリザベス女王の魂は天照皇大御神の分魂で、その子たちも天照皇大御神の分神たちの魂である。女王は亡くなってから、イギリス王室の守護のため、イギリスの神界に居て、伊勢神宮には戻っていない（今のところ）。

さて、ニール・ドナルド・ウォルシュの話に戻る。彼は２０２２年11月に亡くなった。このとき、すくなひこなの神がその魂を迎えに行った。次に、その魂を出雲の大国主命の霊界に連れて行き、「亡くなった」報告を行なった。大国主命は、そのまま、彼をすくなひこなの神に引き渡した。魂の浄化は必要なかったのである。

すくなひこなの神は、ニール・ドナルド・ウォルシュの魂を北海道神宮に連れて行った。彼の魂は、「輪廻転生」を終了した。神界に入ったのである。その神界で、すくなひこなの神の仕事を手伝う道を選んだ。

彼の魂は、地球で3万才以上の輪廻転生を繰り返していた。つまり、ムー大陸の住民だったのである。ムー大陸消滅以後、次の人生を選択するまでの間、数千年を要している。ムー大陸消滅後はヨーロッパに生まれ、最後の人生がアメリカであった。

北海道神宮に入った彼の魂は、「北海道ヒーリング・チーム」の一員になった。生前に、バーバラ・アン・ブレナン博士と出会っていたという。したがって、ヒーリングのことを知っていた。

四章の第一節に書いたミッシェル・デマルケの魂も、ムー大陸の住人であった。今から1万4千5百年以上も前に、タオさんは御自身の分魂を造って地球人の一員とさせていたのである。

すくなひこなの神は、北海道神宮に居ることが多く、北海道神宮でヒーリング・チームを作り、全体の運営を行なっている。その北海道神宮には、大国御魂神も祀られている。大国御魂神は大国主命4兄弟のうちの一神である。その大国御魂神も北海道神宮に居ることが多い。東京の府中市に大国御魂神社があり、この神社は大変大きな建物である。他にも、大国御魂神を祀っている神社は、全国に多い。

「どうして、北海道神宮に居ることが多いのですか」と、大国御魂神に質問したことがある。すると、

「北海道の風景が好きで、特に富良野の丘にある自然風景が気に入っているから」との答えが返ってきた。

『セスは語る―魂が永遠であるということ』という本は、1999年の6月にナチュラルスピリット社から翻訳出版された。著者はジェーン・ロバーツ、ロバート・F・バッツ御夫婦である。この御夫婦はアメリカ人。魂は大国御魂神の分魂で、亡くなってから

大国御魂神が迎えに行き、北海道神宮に入った。

この本は、しなつひこの神が「ノーベル賞級の本である」と絶賛していた。魂とはそもそも何か、魂の諸性能とはどのようなものであるかということについて、これ以上書けないといえるほどに詳細に語っている。

著者の御夫婦の魂は、2分の1同士で、つまり四魂ではなく、大元の魂を半分に分けて、御夫婦となっていた。その御夫婦に魂のことを書かせた「セス」という存在は、大国御魂神の分魂で、中世という時代にフランス人として生きた人である。セスはその人生では、絵具を商売としていた人だという。その後は輪廻転生を終わり、神界に入り、大国御魂神の仕事を手伝っていた。

セスはジェーン・ロバーツの魂と入れ替わり、ジェーンの肉体に入って、魂の話をした。その声はしゃがれた男性の声であった。このとき、ジェーンの魂はどこにいたかというと、自分の肉体の上、天井あたりにいたという。そんなとき、セスが何を話したか憶えていなかったそうだ。セスが話した内容は夫のロバーツが録音し、後にワープロで文字にしていったそうである。憑依現象としては、かなり凝った手法である。

「どうしてアメリカで魂の話を書かせたんですか」と私は大国御魂神に質問したこと

があった。すると、

「アメリカ人は多宗教の人々が集まって生活をしている。それらの宗教と関わりなく、魂とは何かについて統一的見解を示すことが目的であった。そうしなければ、各宗派ごとに混乱の世になっていきそうだったのである」と神は言った。

なるほど、アメリカには全世界の人々が集まって生活をしている。その分、宗教もたくさんあるというわけである。アメリカ人が大混乱にならないようにと、大国御魂神が企画し、本として大成功した。


ジェーンとバッツ御夫妻が亡くなった後、その魂は北海道神宮で次の人生計画を練っていた。そんな折、ジェーンと話す機会があった。御夫婦がアメリカで活躍していた頃、バーバラ・アン・ブレナン博士もヒーリングのことで活躍していた。そこで、

「生前にブレナン博士とお会いしたことはありますか」と質問してみた。すると、

「会っただけでなく、お話をしました」との答えが返ってきた。

「でも、バーバラの話は、何もわかりませんでした。だって私、チャクラやオーラが見えなかったもん」とジェーンはあっけらかんとして言った。

ところが数年前、ジェーンとバッツ御夫妻の魂は合流し、元の魂に戻った。さらに、北海道ヒーリング・チームの中に入って、神霊界のヒーラーとなった。

２０２３年の夏、北海道ヒーリング・チームは65人となり、さらに増え続けそうである。


『死後の世界を知ると、人生は深く癒される─退行催眠下で語られる魂の世界と転生、数々の体験事例に基づくさらに詳細なケース・スタディ』という長い題名の本が、２００１年７月にヴォイス社から出版された。著者はアメリカ人のマイケル・ニュートン博士である。原題は『魂の本質』で、大変短い。

マイケル・ニュートン博士は百才まで生きた。亡くなったその日、大国主命が彼の魂を迎えに行った。つまり、マイケル・ニュートン博士の魂は大国主命の分魂なのである。

彼は出雲の霊界に少しの間いたが、すぐに仕事を命じられた。在日アメリカ大使の守護を命じられたのである。そのときの大使は、Ｊ・Ｆ・ケネディ元アメリカ大統領の娘さん、キャロライン・ケネディであった。彼女の魂も、大国主命の分魂なのである。

彼女は日本に到着すると早々に、皇居の天皇陛下に着任の挨拶に向かった。東京駅から迎えの馬車に乗った。そのときの彼女の気持ちは、どのようなものであったのだろうか。仮に日本に生まれていたら、その馬車に乗る機会は無かったであろう。マイケル・ニュートンもその馬車に同乗していた。

彼女が帰国した後も、マイケル・ニュートンは彼女の守護を続けている。今もである。そのマイケル・ニュートンは生前、ブレナン博士と会っており、ヒーリングのことを理解できたと言っている。しかし、亡くなってすぐにキャロライン・ケネディの守護担当になったため、出雲のヒーリング・チームに入っていない。

四ノ四　天之御柱神《あめのみはしらのかみ》

今からおよそ39億9千年前、いざな気の神に「今後の方針」についてアドバイスするために地球に派遣された創造主の代理神、それが天之御柱神である。「次の世をどうするか」ということで、「次世見《つぎよみ》の神」ともいわれている。「次世見」が「月讀」という漢字を当てられ、後の人が「月讀の神」という神が存在しているかのごとく誤解し、「月讀神社」まで造ってしまった。その月讀神は存在していない。天之御柱神のことである。

いざな気の神にアドバイスを終えた御柱神は、いったん、創造主の元へ帰った。その後、創造主は天之御柱神に、再び地球に行って「生命体」を造るよう指示した。

地球に戻った御柱神は、御自身の分神を造った。最初は大綿津身神《おおわたつみのかみ》を造り出し、この神は海に住む魚類などの生命体を造った。次に海の神を造った。「豊玉姫神」という。陸地が広がり、そこに植物が生まれると、今度は虫の神を造った。「飽食《あきくい》の虫《むし》の神」という。さらに爬虫類を造ったが、その中に巨大な動物に進化した生命体ができ、つまり恐竜となっていった。この仕事をしたのが、「大戸まといの女神」である。

鳥を造り出した分神は、「天之鳥船神」と呼ばれる。さらに時間経過と共に、天之御柱神は「吾屋惶根神《あやかしこねのかみ》」を生み成して、哺乳類の動物を造らせた。さらに人間を造り出すために、「しなつひこの神」を分神として生み成した。

今からおよそ1800万年前、東日本と北海道を造るため、御柱神は「八嶋地主神《やしまじぬみのかみ》」を分神として地上に派遣した。八嶋地主神は出雲の大国主命ら4兄弟の親神である。それと共に、「下照姫神」を天照皇大御神への連絡役として生み成した神でもある。

さらに時代が下り、伊勢神宮の一角にしなつひこの神が祀られると、しなつひこの神は「しなと女神」を分神として造った。しなつひこの神は「人間を造った神」として、地球だけでなく、全宇宙に存在している人類のために地球を留守にすることが多く、伊勢でゆっくりしている暇はなく、伊勢神宮に於ける仕事は、しなと女神にさせていた。

2018年3月に、これらの分神たちが合流して、天之御柱神として一本化した。つまり、大綿津身神からしなと女神までが神界からその存在を消した。これは地球の神界が始まって以来、初めての大事件であった。なぜこんなことが起きたのか、それが問題である。

当時、北朝鮮がアメリカ本土を攻撃できる大陸間弾道ミサイルを開発し、これをロシアと中国がバック・アップしていた。第3次世界大戦が勃発する寸前だったのである。第3次世界大戦を阻止するため、天之御柱神は自身が造り出した分神たちを全員集め、神としてできるあらゆる措置を行なうことにした。

下照姫神と共に高御蔵に居た「月の女神」は、このとき下照姫神と共に高御蔵を出た。そして、一人で浅間大社に入った。月の女神は木の花咲耶姫神の分神であったからである。その月の女神は、活奇霊神《いくくひのかみ》が吸収した。月の女神と木の花咲耶姫神とは、生活習慣があまりにも違っていた。月の女神の分神「花の女神」は、高御蔵に入る直前に、月の女神が吸収していた。

天之御柱神
- 大綿津身神（海の生物を造った神）
- 豊玉姫神（海の神）
- 飽食の虫の神
- 大戸まといの神
- 天之鳥船神
- 吾屋惶根神
- しなつひこの神 ―― しなと女神
- 八嶋地生神 ―― 下照姫神

2018年4月、創造主に報告に行っていた天之御柱神が伊勢に戻った。そして、すぐに日本に祀られている全ての神々を呼んで会議を開いた。その会議で、伊勢の翳日祈宮《かざひいのみや》の祭神は、臼井甕男《みかお》先生が行なうことと、天之御柱神は「どこの神社の祭神にもならない」ことが決まった。

その後、天之御柱神は富士山麓の森林の中に別荘を造り、そこを拠点にした。その別荘は、人間が踏み込めない大森林の中にある。ところが、天之御柱神はその別荘に居ることがほとんどなかった。世界中の重要人物が何をしようとしているかを調べて廻り、必要な対策を次々に行なっていったからである。

放射能のクリーニング

ウラン等、放射線エネルギーを発生する物質は、放っておけばある一定の時間が経つと他の物質（鉛等）に変化していく。その時間を「半減期」という。その半減期は非常に長い。だが、ウラン（ウラニウム）などを鉛《なまり》に変換する技術が宇宙に存在する。

この話は、2022年7月21日に天之御中零雷神が天之御柱神に伝えてきた。天之御中零雷神は２０２２年3月に地球に来た。ロシアのプーチンが、ウクライナの領土を武力により奪う戦争を始めたからである。天之御中零雷神は60年に一度、地球を訪れることになっていたが、地球の「第三次世界大戦」が起きないようにと、異例の訪問となった。７月20日までロシアの状況等を見ていたが、その日、地球を離れた。７月21日に天之川銀河系内にあるプレアデス星人が住む星に立ち寄り、「原爆を無力化する装置がここにある」と天之御柱神に伝えてきた。ウラン等の危険物質を鉛に変える装置とは、「波動修正」を行なうことができる装置のことで、これは現在の地球文明にはまだ存在していない。

10月初め、天之御柱神はプレアデス星人の守護神に連絡した。「ロシアにある原子爆弾を無害化したい」と。10月13日（木）未明、プレアデス星人の宇宙船が地球に来た。宇宙船は地球次元に物質化していない（非物質の状態）ため、人の目には見えない。

中に、「危険物質を無害化する装置」と二名の技術者（幽体）がいた。

これに先だち、国之床立地神や天之御柱神たちは、ロシア内の核爆弾がどこにどれだけあるかを調査していた。その結果、ロシアには12個の核爆弾があり、モスクワとウクライナの中間にある空軍基地内の倉庫に集められていたことがわかった。ロシアの他の地域には核爆弾はなく、また、軍艦等にも搭載されていなかった。従来、ロシアは1200発以上の核爆弾を持っていると宣伝していたが、これは真っ赤な嘘であった。12個の原爆は旧式なもので、広島・長崎型であった。

ロシアは第二次世界大戦中は、原爆を造る技術を持っていなかった。したがって12個は冷戦時代に作られたものである。

10月13日（木）、昼前から始まった原爆の無害化は、16日未明までに終了した。ウランは鉛に変えられた。たった三日間のでき事であった。10月16日（日）夜8時から、日本に祀られている神々が全員出雲に集められ、そこでプレアデス星人の技術者から「ロシアから原爆が消えた」ことが報告された。

10月17日（月）、プレアデス星人の技術者たちはアメリカに向かった。目的は、アメリカにある原子爆弾の無力化である。神々による予めの調査によると、アメリカは25発の原子爆弾を持っており、それらはロッキー山脈東側にある軍事基地内の倉庫に集められていた。全部旧式の原爆である。

プレアデス星人の技術者たちは、アメリカでの作業を終えて10月22日（土）に日本に戻り、出雲で神々にその報告をした。６日間の作業により、25発の原爆は鉛の固まりと化した。アメリカの軍艦は原子爆弾を搭載していなかった。原子力潜水艦は小型の原子炉によって電力を作り、その電力でスクリューを回しているのであって、原爆は搭載していない、と神々が言っている。

これにより、米露の原子爆弾は無くなり、鉛の固まりと化した。中国は３５０発の原爆を持っていると、米国の軍関係者は思い込んでいるが、実際は中国には原爆は一つもない。そもそもそれを作ったことがない。原爆の模型すらない。北朝鮮にも原爆はない、と神々から聞いた。

——全世界から原爆が消えた。２０２２年10月22日——

10月23日（日）、プレアデス星人の技術者たちは、福島県に入った。この日、福島第一原発の原子炉をクリーニングし、建屋のクリーニングも終了した。翌日から、県内に散らばった放射性物質のクリーニングに入った。宇宙船から地上部を見ると、どこに放射性物質があるかわかるそうである。県内のクリーニングは、29日まで続いた。７日間を要している。10月30日（日）、プレアデス星人の技術者は出雲に入り、神々に福島県のことを報告した。10月31日（月）、プレアデス星人の技術者たちは再びロシアに行った。ロシア軍は通常、爆弾の中に放射性物質を混ぜた物を持っているとわかったからである。その数は51個であった。この特殊爆弾内にある放射性物質のクリーニングは、翌日の夜までに完了した。

11月2日（水）、プレアデス星人一行は、青森に入った。そこには日本中にある原子炉で使用されてきた廃材（プルトニウム等）が集められていた。廃材とはいえ、そこにはまだ放射性物質が残っているのである。このクリーニングは、この日一日を要した。プレアデスの技術者が地下で仕事をしている間、他のスタッフは上空の宇宙船内にいた。そのとき、北朝鮮からミサイルが打ち上げられているのをこのスタッフたちが見た。一日で20発ものミサイル数であった。

11月2日夜、プレアデスの宇宙船が母星に帰る予定であった。しかし、北朝鮮のミサイル打ち上げを見たプレアデス星人たちは、帰りの予定を延期し、11月3日未明までに北朝鮮の上空へ移動した。そこで北朝鮮のミサイルを観察した。午前7時40分頃、ICBM（大陸間弾道ミサイル）を打ち上げたので、上空でこれを波動修正して非物質に変換した。レーダーでこれを見ていると、ミサイルが消えたように見える。この頃、日本では新潟、山形、宮城3県にJアラートが鳴り響いた。テレビ番組はいっせいに変更となり、ICBMの行方を追った。しかし、ICBMは消えた。

本来、宇宙の存在たちは地球次元の争い事には干渉しないことが原則であったが、自分たちの見ている前で、日本に向かってくるミサイルを黙って見過ごすことはできなかったようだ。

11月4日（金）、プレアデス星人一行は出雲に立ち寄り、神々に挨拶し、午前10時頃に地球を離れて母星へと帰っていった。10月13日の地球来訪から数えて23日目となっていた。一行は11月5日（土）午前5時頃（日本時間）、母星に到着した。

第五章　明日《あした》に向かって

次に示す提案は、『続　神様がいるぞ！』の１６１頁以下に書いた案件である。

① 新エネルギーの導入
② 重力コントロールの技術
③ 物質運搬システム
④ 放射性物質の無害化技術
⑤ 廃材処理システム
⑥ 水質浄化システム
⑦ 新医療技術
⑧ 遺伝子治療技術
⑨ 新薬の開発
⑩ 食糧問題の解消
⑪ 新農業技術
⑫ 新漁業技術
⑬ 新衣料技術

⑭　新建築技術

新エネルギーの導入に関して

これまでのエネルギー技術は自然エネルギー、化石燃料エネルギー、原子力エネルギーに大別される。ここに宇宙エネルギー技術を導入する。

宇宙エネルギーとは、物質を形成する以前のエネルギー状態のことであるが、我々を取り囲む全ての空間に遍満している。その一部は人間にあるチャクラから人間の体内に入り、人間の生命力の源となっている。この件についてはバーバラ・アン・ブレナン博士著『光の手』のイラストを参照すること。

この宇宙エネルギーは宇宙船（地球人がＵＦＯと呼ぶ）の動力源となっていて、生命体が必要とする全てのエネルギーに変換可能である。したがって、今地球で使われている電気を作り出すことができる。

宇宙エネルギーによる電化が可能となることにより、原子力エネルギーが不要となる。しかし、原子炉やウラン、有害なセシウムが残ることになるので、以下の措置をする。

放射性物質の無害化

放射性元素（ウラン等）は自然のままに放っておけばやがて無害な元素に風化していくが、それには膨大な時間が必要なため、何らかのテクノロジーによって、無害化する時間を短縮する必要がある。元素の半減期を短縮する技術を持っている優れた文明の人々がいるので、その技術を地球に導入することにする。この技術導入の結果、原子炉が必要なくなるので、これは建物ごと全て廃材とする。それについて、廃材技術があるので、次にその技術を導入する。

廃材処理技術

原子炉は建物とともに解体するのではなく、その場で消滅させるものとする。元素、分子は放っておけば別の無害な物質に変化していくが、その変化の時間（半減期という）を短縮して、炭素、酸素等の物質に変換する。

また、災害等によってできた瓦礫を他府県に運ばず、その現場で処理するものとする。

その技術はバイオテクノロジーによる。その技術も導入することにする。

水質浄化システム

自然災害による原子炉内放射性物質の流出に伴う、環境汚染（＝水質汚染）による海水、真水について、その浄化システムを導入する。

また、通常の水質浄化場についても、水道水について新しい技術を導入することとする。これに関して下水処理技術もバイオテクノロジーの一環として導入する。

重力コントロール技術の導入

現在、大量輸送手段は慣性力によっている。つまり、電車やバス、飛行機、トラック等である。これら慣性力を使わずに重力コントロールによって物質を移動する手段がある。重力をコントロールするにあたり、重力の元である重力子の存在が地球の科学者によってまだ発見されていないのであるが、その存在とコントロールシステムを教えてもらう。

宇宙船は重力コントロールによって移動を行なっている。その手段を学ぶこととする。

従来、物質の移動エネルギーは電力や石油製品に頼っていたのだが、重力コントロールにより、それらの電力や火力が必要なくなる。必要なくなった時点で、全国各地にある石油備蓄基地は⑤の技術によって消滅させる。この石油備蓄基地消滅によって、津波等の自然災害による二次災害を防ぐことができる。

重力コントロールによって通常の自家用車が不要になり、環境問題の一つがクリアーされる。

さらに、火力発電所も不要になるので、⑤の廃材処理技術で消滅させることができる。石油が不要になるに伴い、石油精製プラントも不要になるので消滅させる（解体ではない）。その際、石油から作り出される物質は別の新しい製品に置き換えることができるが、特に薬品は新しい技術を導入することにする。

新薬の開発

現在作られている石油からの薬品製造技術は、別の新しい薬品製造技術に変える。これは多分に波動技術による。

物質運搬システム

重量物の運搬は、超音波振動システムによって可能となる。巨大な岩、一個五百トンを超えるような重量物も、レーザー光線によって切り出すことができ、その際、超音波振動システムと組み合わせることによって運搬が可能となる。

物質は瞬間移動させることができる。これは物質を情報化し、デジタル変換することで可能となる。つまり宅配便は必要なくなる。トラック業界は別の輸送システムに変わる。失業者は出ない。

石油やガスが必要なくなる。それぞれ別のエネルギーシステムに取って代わるからである。工業団地は別の工業団地に変化する。工業団地は他の形態に変化する。

新医療技術と遺伝子治療技術

宇宙エネルギーを使った新しい医療技術を導入する。これは現在チャクラ・ヒーリングとか霊気ヒーリングとか呼ばれている医療術のことである。現在のところ、ヒーラーと呼ばれる人間を介しての手法があるが、人間を使わず、波動修正システムを使う手法である。

宇宙船の中に病院専用船がある。それはスペース・クリニック（略してS・C）と呼ばれている。そのS・Cの機能を地上に作ろうとするものである。

患者の患部を治す元は「光」である。この光は必要な周波数を自動的に調整して出す機能を持っており、コンピューターによる自動制御システムである。患者は透明な小さなドームに入る。ドームは人間一人がベッドに横たわることができる大きさになっている。その医療用ドームがある部屋そのものが医療室となる。数時間、ほとんどの病気は一時間以内で治る。入院はない。日帰りだ。しかし医者や看護師が失業することはない。

食料問題の解消

日本の現状を見るに、食糧問題は無いように見える。ところが食品加工の過程では大変多くの無駄が生じている。大都市のレストランでは、毎日多量の食品が捨てられている。その食品で、アフリカのある一国の人々が飢餓から解放されるという試算がある。日本は世界中から食料品を集めている。これは大変重大な食糧問題を日本が抱えていると考えられるのである。

かつて、エジプトから大量のユダヤ人がカナンの地に移動、空からマナが降ってきて、人々が食料飢饉から助けられたという話が伝わっている。出エジプト記の話である。「そのマナは私たちが降らせたの」と言ったのはタオさんである。出エジプト記は今から数千年前の話、イエス誕生よりはるか昔の話なのである。

そのマナは一口食べると2、3日生きていけるほど栄養価のある食品で、現在でもティアウーバ星で作られていると『超巨大「宇宙文明」の真相』の中に書かれている。それは農場と直結した全自動食料生産システムの工場内で無人で作られているということも同著に書かれている。このようなシステムを我々は学ぶべきと考える。

専業主夫としては、台所に立つ時間をできるだけ減らしたいと考えるところである。その減らした時間外の余った時間で、もっと有意義な仕事をしたいのである。66才になってもまだまだ勉強しないとならないことがいっぱいある。現役を終わった世代とはいえ、しなくてはならない社会的仕事がそれこそ山ほどあるのである。遊んでいる暇など、一秒ほどもない。

マナの開発はそれほど重大なのである。

O・マゴッチが宇宙船内で食べたゼリー状の食品は一度、ほんの数個食べただけで二、三日、何も口にしなくても平気だったと『宇宙船操縦記』（明窓出版）に書かれている。その食品と同じものが『超巨大「宇宙文明」の真相』にも登場している。タオさんが普段食べている食品である。宇宙船で何日も旅するとき、台所に立つ作業はないのである。地球人はそろそろこういったことに気づかなくてはならないであろうし、飽食の時代をそろそろ卒業しなくてはならない事態が来るだろう。

現代でも野菜類を工業化して、安定的に食料を生産している企業がある。レタスやトマト等である。このシステムはさらに発展する要素がたくさんある。ティア・ウーバ星の食料生産システムを見学すれば、そのことは一目瞭然となるであろう。ティア・ウーバ星に限らず、進化した惑星ではどこも同じようにしているのである。地球の農業生産システムはまだまだ遅れているのである。

日本の農業を支えている人々は、60才を優に超えている高齢者によって構成されている。このままでは先行きはないだろう。若い人々が農業に従事すればよいではないかという政策は、古い考えといわねばならない。

また、海外から安い食料品を調達すればよいという考えも、古い農業形態から脱していない思考といえる。

日本ほど海の幸に恵まれている国は世界に類を見ないと私は思う。加工技術も世界一と考えられる。魚介類から人体に必要な栄養素を抽出して、ドリンクや錠剤にして販売している健康食品の企業がたくさんある。この傾向はさらに発展していくに違いない。ただし、原料が未来永劫に必要であることが問題になるだろう。魚が獲れなくなった場合は、かまぼこの工場はお休みになってしまう。

人体に必要な栄養素をどのようにして製造するか、それが問題の技術である。進んだ文明を築いた他の惑星ではどのようにしているのだろうか。見に行くことにしよう。百聞は一見にしかずだ。

我が家に来ている神様はみんなマグロの刺身が大好きで、これは止めるわけにはいかないだろう。わさびも必要となる。

新衣料技術

今、ヒートテックが流行っている。非常に薄くて軽い素材でできている服である。その先にさらに進化した衣料技術がある。O・マゴッチが宇宙船の中で宇宙服に着替えた、その素材のことである。また、ミッシェル・デュマルケがタオさんの宇宙船の中で宇宙服に着替えたその服のことである。

それがサケの皮が原料だとか。本当だろうか、百聞は一見にしかずだ。生産現場に見学に行こう。

新建築技術の導入

ティアウーバ星に不思議な建築群がある。タオさんたちはそれを「ドコ」と呼んでいる。ドコは卵を立てたような形をしていて、それ自体の形は不思議ではない。百メートルを超える卵もある。

私が興味を持っているのはその建物の機能である。完全にエコロジーなのである。上下水道は無い。水は一つの建物内で循環している。発電装置がないのに電気を持っている。宇宙エネルギーを必要なエネルギーに変換しているのであるが、これは宇宙船と同じ機能である。室内の気候は完全にコントロールされている。これも宇宙船内と同じ原理だ。免震構造になっている、といっても地球の免震構造とは違う。地震が来る直前にその建物は異次元世界に移行する。つまり消える。それは宇宙船と同じ原理なのである。

（引用終わり）

このうちの新医療技術については、全ての神々の賛同を得られ、神霊界の存在たちがヒーリング専門官となっていった。２０２４年の１月末現在で、その数は以下のようである。

出雲大社　２３６人（ブレナン博士含む）
春日大社　１９４人（天照皇大御神グループ）
多賀大社　２２４人
住吉大社　２３０人

浅間大社　１２７人
北海道神宮　２０４人
秩父神社　60人
川上神社　68人（白山神社兼ねる）
臼井先生　53人
真清田神社　１４８人
合計１５４４人に達している。さらに増える予定である。

あとがき

２０２３年7月31日午後、電話が入った。

「あなたはどういう宗教をやっているのか」という質問であった。この電話の主は、初めて私に電話をしてきた人であった。男性である。私の本をきちっと読んでいないな、と直感した。

「私の本はどれを読んでいますか」とこの男性に言った。

「『天使の癒やし』と『癒やしの道』の二冊を買いました」と彼は言った。私の本を買ったばかりで、内容は読んでいないな、と私は疑った。

「宗教はやっていません」と私は答えた。

「あなたの本には神様の名前がいっぱい書かれていて、これは宗教の本でしょ」と彼は言った。

「宗教の本ではなく、ヒーリングの本です。ヒーリングというのは、難病を治す技術のことです」

「あなたの本に書かれている神は、いったいどういう神なんですか」とその読者の質問は続く。

「天照皇大御神や大国主命、木の花咲耶姫等、日本の神社に祀られている神々のことです」と私。

「そんなの迷信だろ。神話の昔話に出てくる神だろう。そんな神、いるのかよ」と彼は言った。さらに、神々の話をすると、

「神社なんて、行ったことないよ。神の話は宗教だろうが」と言う。

「宗教ではない。神社は神を祀っている場所である」と私が言うと、

「だって、神社は宗教法人ではないか」と彼は言った。

「戦後、マッカーサーが神社を宗教法人にしろと命令したので、日本政府はしかたなく神社を宗教法人ということにした」と私は答え、

「神社は宗教をやってないよ」と付け加えた。


私は内心、頭にきていた。こんなときはいつも、東京の下町言葉、べらんめえ口調で電話の主に怒鳴りつける。すると私を暴力団と思い、二度と電話をしてこなくなる。

私は江東区の下町のそのまた下町、南砂町で育った。喧嘩をしているような話し方に

なる。今どきの暴力団でも発しない言葉遣いである。

ビートたけしに対しても、私は激しい言葉遣いで接するので、たけしもビビる。彼も下町の足立区に生まれているのだが。

怒鳴りつけたい衝動をぐっと抑え込んで、彼の次の言葉を待った。

「ヒーリングをしてもらいたいのですが、代金はいくらですか」との質問である。

「どのような病状なのかわからないのに、代金がいくらになるか見積もりはできませんよ」と私は答えた。すると彼は、

「蓄膿症が悪化しており、激しい頭痛、首の痛みがある。膿が脳の中に入っている」とやっと本題に入った。

「それで、ヒーリング代金はいくらですか」と付け加えてきた。

「ヒーリング申し込みをFAXしてください。名前、住所、生年月日、電話番号、病状をできるだけ詳しく書いてください」と伝えた。彼は私の言っている要件をメモしているようであった。

「ヒーリング代金はいくらですか」と繰り返し言っている。

「ヒーリング申込書がこないことには、何も決まりません」と私は言って、電話を切っ

た。

この電話をしている最中に、大国主命に連絡し、電話をしている相手がどのような人間かを調べてもらった。すると、

「オーストリア民族の魂で、親神は日本に来ていない。守護神はいない」との答えを得た。何回くらいの輪廻転生であるかを質問したところ、3回目の人生とのことであった。しかし、前2回はまともに人間を体験していなかった。生まれてまもなく亡くなったからである。大人になれたのは、今生が初めての男性であった。

「ヒーリングをどうしましょうか」と大国主命に尋ねると、神はしばらく考えていたが、

「くによしに任せるよ」という答えだった。

ヒーリング申し込みのFAXは8月4日の午後に入った。彼は57才に達していた。そのFAXには病名がずらっと書かれており、まるで病気のデパートであった。

「こんなことで、よく生きていられるものだなぁ」という感じであった。

その数日後、この患者の魂は、ウィーンに居たオーストリアの民族の神に引き取られた。

2024年1月末記

参考文献

『セスは語る』『個人的現実の本質』ジェーン・ロバーツ著（ナチュラルスピリット社）
『パスワーク』エヴァ・ピエラコス著（ナチュラルスピリット社）
『死後の世界を知ると、人生は深く癒される』マイケル・ニュートン著（ヴォイス社）
『神との対話①②③』ニール・ドナルド・ウォルシュ著（サンマーク出版）
『超巨大「宇宙文明」の真相』ミシェル・デマルケ著（徳間書店）
『シルバー・バーチの霊訓』近藤千雄訳（潮文社）
『神武太平記（上）（下）』荒深道斎
『古神道秘訣（上）（下）』荒深道斎（八幡書店）
『日本の神々の事典』（学研プラス）
『天皇の本』（学研プラス）
『面白いほどよくわかる古事記』島崎晋（日本文芸社）
『光の手（上）（下）』『癒しの光（上）（下）』バーバラ・アン・ブレナン（河出書房新社）
『改訂版　光のシャワー』池田邦吉（明窓出版）

『オスカー・マゴッチの宇宙船操縦記　Ｐａｒｔ１＆Ｐａｒｔ２』オスカー・マゴッチ（明窓出版）
『ヒーリング』池田邦吉（明窓出版）
他

神《かみ》と人《ひと》

池田《いけだ》 邦吉《くによし》

明窓出版

令和六年四月一日　初刷発行

発行者――麻生 真澄

発行所――明窓出版株式会社

〒一六四―〇〇一二
東京都中野区本町六―二七―一三

印刷所――中央精版印刷株式会社

ISBN978-4-89634-474-5

◎ 著者紹介 ◎

池田邦吉（いけだ くによし）

1947 年 2 月 6 日、東京都生まれ。

'69 年、東京工業大学建築学科卒業。

主要著書

「癒やしの道」

「神さまがいるぞ！」

「続 神さまがいるぞ！」

「神さまといっしょ」

「神々の癒やし」

「光のシャワー」改訂版

「天使の癒やし」

「ヒーリング」

「あしたの世界１、２、３、４」※２、３は絶版

(以上明窓出版)

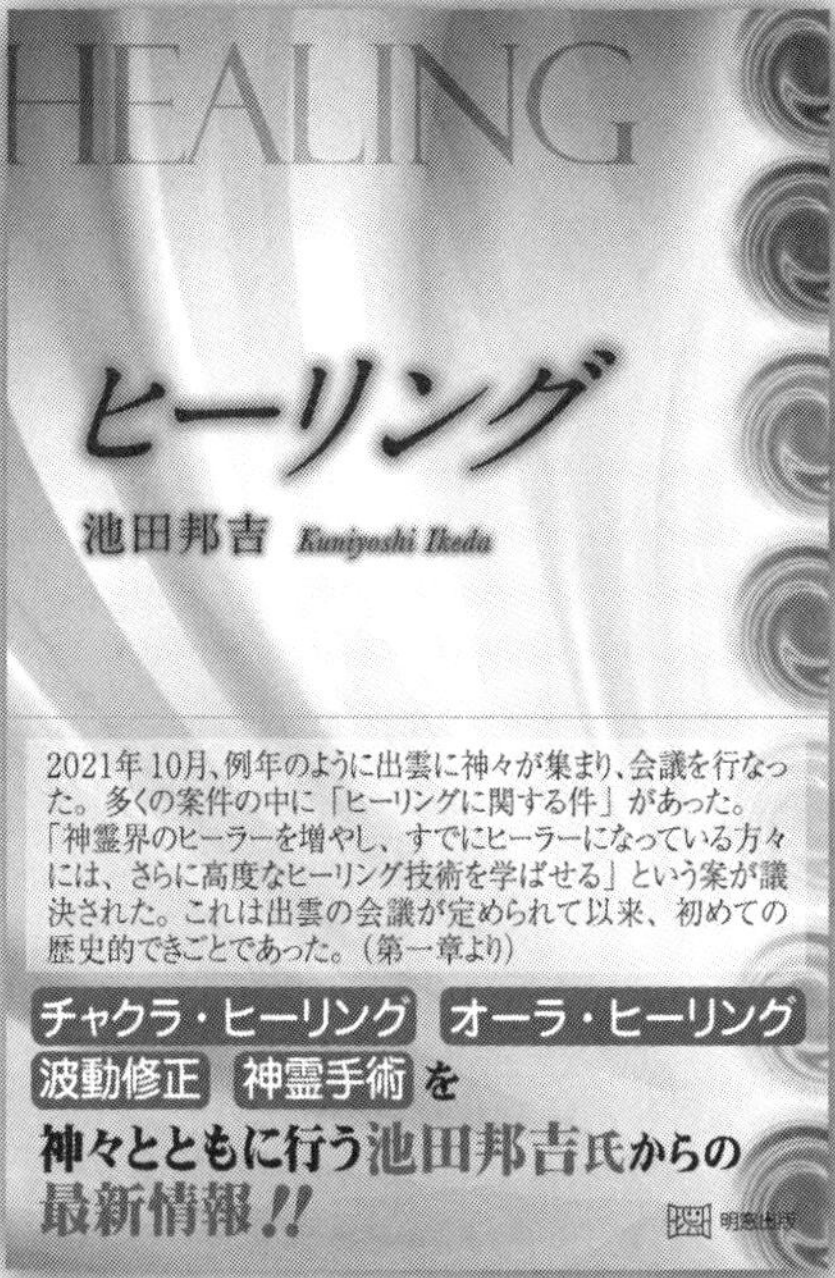
HEALING
ヒーリング
池田邦吉 Kuniyoshi Ikeda
2021年10月、例年のように出雲に神々が集まり、会議を行なった。多くの案件の中に「ヒーリングに関する件」があった。「神霊界のヒーラーを増やし、すでにヒーラーになっている方々には、さらに高度なヒーリング技術を学ばせる」という案が議決された。これは出雲の会議が定められて以来、初めての歴史的できごとであった。（第一章より）
チャクラ・ヒーリング
オーラ・ヒーリング
波動修正
神霊手術
を
神々とともに行う池田邦吉氏からの
最新情報!!
明窓出版

第一章
広がるヒーリング技術
第二章
ヒーリングの実践・２０２２年
第三章
ヒーラー５００人体制へ

ヒーリング　池田邦吉　著
本体 1,700 円＋税

２０２１年10月、例年のように出雲に神々が集まり、会議を行なった。多くの案件の中に「ヒーリングに関する件」があった。

「神霊界のヒーラーを増やし、すでにヒーラーになっている方々には、さらに高度なヒーリング技術を学ばせる」

という案が議決された。

これは出雲の会議が定められて以来、初めての歴史的できごとであった。（第一章より）

「チャクラ・ヒーリング／オーラ・ヒーリング／波動修正／神霊手術」を神々とともに行う池田邦吉氏からの最新情報!!

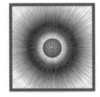

癒しの光があなたを包み込んだ時

奇蹟は起こったのである。

神様といっしょ

神々のヒーリング　本体価格 1.500 円＋税

前著「続・神様がいるぞ!」までででは、著者がたくさんの神様がたと行動をともにされている状況をお知らせしましたが、本作では、ヒーリングにフォーカスがあてられ、三次元、多次元レベルでのお仕事をしていかれます。特に日本の神様がたのご性質などがよくわかり、身近に感じられることと思います。

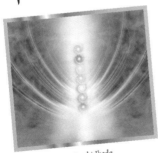

「ノストラダムスの預言詩の解釈」を通じ、船井幸雄氏が世の中の動きをどのように捉えたか、またどのような思考法なのかが、よく分かる本です

この本の内容は、昨年（2003年）8月から昨年末まで、池田邦吉さんの「ノストラダムスの預言詩に解釈」についての私とのやりとりを、ありのまま池田さんがまとめてくれたものです。お読みいただきますと、私が世の中の動きをどのようにとらえているか、どのような思考法の持ち主かが、よく分かると思います。ともかくこの本をお読みになって頂きたいのです。きっとお役に立ちます。（発刊秘話あり）

——船井幸雄

『あしたの世界』シリーズは１～４までありますが、２、３は在庫切れになっています。

あしたの世界
本体価格 1.238 円＋税